孩子就吃这一套

王梦萍◎著

湖北长江出版集团

湖北人民出版社

鄂新登字 01 号

图书在版编目(CIP)数据

孩子就吃这一套/王梦萍著.

武汉:湖北人民出版社,2011.7

ISBN 978 - 7 - 216 - 06767 - 6

Ⅰ.孩…

Ⅱ.王…

Ⅲ.家庭教育

Ⅳ.G78

中国版本图书馆 CIP 数据核字(2011)第 037249 号

孩子就吃这一套   王梦萍 著

出版发行:	湖北长江出版集团 湖北人民出版社	地址:武汉市雄楚大街 268 号 邮编:430070	
印刷:武汉市科利德印务有限公司		经销:湖北省新华书店	
开本:640 毫米×960 毫米 1/16		印张:12	
字数:119 千字		插页:1	
版次:2011 年 7 月第 1 版		印次:2011 年 7 月第 1 次印刷	
书号:ISBN 978 - 7 - 216 - 06767 - 6		定价:21.80 元	

本社网址:http://www.hbpp.com.cn

目　录

孩子就吃这一套

Hai Zi Jiu Chi Zhe Yi Tao

前　言

曾经看到过这样一个故事：

有一位很勤奋的学生可能因为学习方法不对，尽管他很努力，但每次考试都不如人意，久而久之，他有点心灰意冷，"破罐子破摔"，一到考试就考得一塌糊涂，一考糟又忧心忡忡，在课堂上无精打采，这些引起了他新任班主任的注意。班主任老师把他叫到自己的办公室，随即捡起一张扔在地上的纸问："这张纸有几种命运？"

惊慌失措的学生愣了好一会儿才回答："扔到地上成一张废纸，这就是它的命运。"老师一言不发，当着大家的面在那张纸上踩了几脚，纸上印着老师沾满灰尘和污垢的鞋印，然后又问学生这张纸片有几种命运。

学生回答道："这么一来，还有什么用途呢？当然是一张废纸啦！"

老师没有说什么，捡起来把纸撕成两半扔在地上，又心平气和地问他同样的问题。

这位学生也被弄糊涂了，红着脸回答："这下真的更是废纸了。"

就在这时，老师捡起撕成两半的纸，很快就在上面画了一匹奔腾的骏马，而刚才踩下的脚印恰到好处地成了骏马蹄

下的原野。骏马充满了刚毅、坚定和张力，令人遐想无限。接着，又问那位学生："现在请你回答，这张纸的命运是什么？"

学生的脸色明朗起来，对老师说："您给一张废纸赋予希望，使它有了价值。"

有人把初生的孩子比做一张白纸，而绝大多数家长所做的，就是在白纸刚一铺开的瞬间，便打着各种名义在这张白纸上疯狂涂抹：辅导班、家庭教师、作业、分数……十八般武器轮番上阵！

很快，白纸便被涂得一塌糊涂，纸上的图像人不像人，鬼不像鬼！万分惊讶的"画师"们还在这张白纸上面找出了一大堆的不良嗜好：撒谎、不喜欢上学、打架，甚至是偷窃……

于是他们立即发出了感慨：唉，教个孩子真难。

其实天下本没有难教的孩子，只有不会教的家长。

我相信，无论您的孩子有多少缺点，他们都具有成功的禀赋，家长所需要做的，只是去帮助孩子发挥自己的禀赋——学会多一些包容，少一些责备；多一些鼓励，少一些贬斥；多一些引导，少一些强制；多一些微笑，少一些斥责；多一些建议，少一些命令；多一些友情，少一些威严；多一些关心，少一些控制……

从我的角度而言，家长所需要做的，绝不是要按照自己心中的理想模型去"塑造"孩子的未来，其实对于大多数孩子来说，自从踏上人生旅程的那一刻起，他们就应当成为自己人生的船长，家长们所需要做的，是成为一名称职的大副，而这本书正可以被看成是最合格的"大副速成指南"。

恭喜打开这本书的诸位家长们，你们的孩子有福了！

第一章

用全新的理念去看待教育

父母不该说的话

今天台湾父母望子成龙的心理，可以说比历史上任何时代都急切，这种期待本无可厚非，但诸如"要听话"、"好好用功"、"没出息"、"饭桶"等话语，在孩子耳边不断地重复，对孩子究竟会造成怎样的影响，值得每位做父母的认真思考。

弗洛伊德心理学派认为，人的性情早在年幼时就形成了。统计显示，○岁至十岁的孩子在成长中平均要遭受 2000 次的"批评"，致使孩子从一岁起，高达 96%的想象力、创造力到十岁时只剩原来的 4%。

因此，父母必须以开放的、正面的态度引导孩子。一味地指责，会带给孩子负面的心理暗示，只会使孩子走向自暴自弃。如果我们回顾历史长河，会发现许多年幼时愚钝、调皮的孩童，终也成为名垂青史的大师和名家。

"要听话" 与 "好好用功"

我们这一代可能对这样的话印象深刻——千万不要调皮，听老师的话，才是好孩子。时至今日，类似的话仍然挂在许多年轻父母的嘴边。我们知道，在一个强调创新、追求个性发展的社会里，这话明显是落后于时代精神的。但为什么许多高学历的父母依然要求孩子"听话"？我认为，中国几千年封建传统文化中的讲究尊卑、长幼、孝悌等思想观念，对人们的影响颇为深广。从考试教育走过来的高学历父母，在素质上难免会有缺陷。

我们来看这样一个真实而又引人深思的事情。

一位著名的法国教育心理学家，对挑选出来的两组孩子问了同样的问题："一艘船上有86头牛，34只羊，那么，这艘船的船长有多大年纪？"

一组小朋友提出异议，这根本是个错题，完全无法解答。

另一组小朋友超过70%的人却认认真真地解出了"86－34＝52（岁）"的答案。只有剩下的30%觉得题目出错了。这一组小朋友来自中国。

这就是我们培养出来"听话"的孩子。

笛卡儿说："怀疑就是方法。"法拉第认为："在学术上

不应盲从大师，应当重事不重人，真理应当是首要目标。"爱因斯坦则指出："科学发现的过程是一个由好奇、疑惑而开始的飞跃。"

因此，身为新时代的家长与老师，不能只教育孩子听话、敬重老师，更应该教育孩子相信真理，崇尚科学，在学习过程中敢于发出自己的声音，懂得"吾爱吾师，吾更爱真理"的道理。怀疑并不是缺点，总是没完没了地怀疑才是缺点，只有敢于怀疑，才能减少盲从。怀疑里才出真知，真理与怀疑形影相随。当然，这其中，还应该教育孩子学会思考和比较，在辨别与筛选过程中形成自己独立的判断。

此外，"好好用功，天天向上"这句话，对于我们这一代父母和许多老师而言是再熟悉不过的了。其实，要求孩子好好用功是没错。问题是，许多家长和老师把它夸大了，只要用功，就是好孩子。在当今时代，光"好好用功"是远远不够的。在强调素质教育的今天，在我们为建设一个和谐社会而努力的年头，孩子更要好好做人、好好热爱家庭、好好让自己的作为与时代同步……这些都是二十一世纪为人处世的必备素质。家长与老师应当反复强调、反复要求才对。

不可否认，强调学习与分数，这是现代社会教育体制不完善，家长和老师功利教育的体现。难怪学习成绩不好，孩子就会被家长责难。这种以偏概全的认识，使得孩子们的学习只不过是为了升学、考证照。与此同时，他们也被越来越沉重的书包压得喘不过气来。孩子们仅有的一点课余时间，也被父母为他们报的名目繁多的各种才艺班抢占。等孩子们

长大以后，发现童年的记忆里，竟然只是书本和教室，一点也没有灿烂的阳光和青翠的芳草地。

少批评，多肯定

某杂志社给中小学生设计了一个调查问卷，里面有个问题是这样的：

如果爸爸妈妈可以许给你一个承诺，你最希望得到什么？

回答这一问题的 36701 个孩子中，56.82%的孩子希望父母看到自己的进步，并且得到肯定；54.67%的孩子希望父母别总说人家的孩子比自己强。

由此可见，我们的孩子非常渴求被认同，获得正确评价。然而，该杂志社在给家长的问卷中，设计了一个问题："在跟孩子谈话时，您最爱说的三句话是什么？"父母回答得最多的就是"听话"、"好好学习"、"没出息"。前两句我们已经讨论过，而"没出息"是孩子们最不爱听的。这种带着强烈贬损意味的话，不知伤害了多少孩子稚嫩的心！

孩子总在否定中长大，当考试成绩不到九十分时，就是"太笨了"；当作文写不好时，就是"太糟糕了"；当孩子打不好乒乓球时，就是"太没出息了"；当孩子弹不好琴时，就是"太不争气了"……身为父母，如果一味地对孩子表示不

满，评头论足，求全责备，有朝一日，你会痛心地发现，孩子也会认为自己不行。弗洛伊德心理学派认为，人的性情早在年幼时就形成。统计显示，〇岁至十岁的孩子在成长中平均要遭受两千次的批评，致使孩子从一岁起，高达96%的想象力、创造力到十岁时只剩原来的4%。

过多的批评，对孩子的成长是不利的。事实上，仅凭学习成绩好坏是不能判定孩子有没有前途、有没有出息的。在成长过程中，孩子必然会有失误，会遭到挫折和失败，做父母怎么能"落井下石"、"雪上加霜"呢？教育专家们指出，孩子即使跌倒了一千次，父母也要一千零一次地把他扶起来，并对孩子说，你永远是我们生命中的奇迹。

是的，父母必须以开放的、正面的思想和行为来引导孩子，一味地指责孩子，只会带给孩子负面的心理暗示，终使孩子走向自暴自弃。如果我们回顾历史长河，会发现许多年幼时愚钝、调皮的孩童，终也成为名垂青史的大师和名家。

专家总结出了三种父母批评孩子的形式：

（1）对人不对事的批评。比如，"你怎么这么蠢？""没用的废物""饭桶！你只有吃饭的本事"……孩子在潜移默化中学会了这一套，将来又拿来对付他们的孩子。

（2）增加孩子内疚感的批评。比如，"孩子，爸妈这么辛苦，你一点都不争气，一点都不像××那么听话，那么聪明，你这样怎么对得起爸妈啊！"让孩子自幼就背上沉重的心灵包袱。

（3）不当引导的批评。这种"批评"比较隐蔽，比如，

"你考第一名，我就给你十块钱"。由此，孩子的爱心被"功利"扭曲了。

教育专家指出，批评可以从两方面着手：一方面是父母要多表扬，少批评，批评对事不对人（把80%的时间用于解决问题，而不是紧抓问题本身不放），不要打击孩子的自我价值；另一方面是给孩子心理准备，先礼貌地提醒孩子这是对事不对人，对未来不对过去。

调适教育中的不当期望

不少父母总是拿一个高标准套在成长中的孩子身上，不考虑他们的成长规律，不考虑孩子的个性特点，不断地用过激的、情绪化的行为，促使孩子朝那个制高点奔跑，孩子一旦达不到，父母就会迁怒孩子，形成恶性循环，最后甚至发生不堪想象的悲剧。

衡量一个学生的成绩，分数固然是一个重要方法，但更重要的是一个学生的素质、个性和能力。

当今教育的一大弊端，就是太现实，也太功利，只看分数。事实上，父母的责任是发现并开发孩子的才能，多创造条件，把孩子的才能与社会需要相结合。

别总暴露不满的眼神和话语

　　某教育专家对一位母亲说："我跟你儿子聊过，你儿子有幽默感，爱学习，有独立能力，喜欢闯荡世界，这可是一个优秀人才必备的素质啊！"

　　可是这位母亲不屑地说："那算什么本事？有本事考台大、'清华'，你看他考的是什么破学校？"

　　其实，上大学只是人生的一个过程，并不是终点，每个人最终还是要走向社会，只认一条路，不是逼孩子走绝路吗？

　　还有一个大学生说："我最怕我妈妈失望的眼神。我从小到大一直令她不满，令她伤心，可我从没想故意气她，是她的要求太刻薄。比如她打来电话，要是听我说话没精打采，她就觉得我没朝气，精神状态不好。她总是不分时间，不分场合地向我表达她的不满意，让我特自卑，觉得特对不起她。这犹如一把刀子，刺在我身上，还不准我流血，不准我喊疼。"

　　不少父母总是拿一个高标准套在成长中的孩子身上，可每个孩子是独一无二的，他们有思想、有感情，如果父母硬将自己的教育理想强加到孩子身上，不考虑他们的成长规律，不考虑孩子的个性特点，不断用过激的、情绪化的行为，促使孩子朝那个制高点奔跑，孩子一旦达不到，父母就会迁怒

孩子，形成恶性循环，最后甚至发生不堪想象的悲剧。

现在的父母大都只有一个孩子，于是就把希望全押在一个孩子身上，而且只许成功，不许失败。显然，过高的期望，就会带来孩子的无望。现在孩子的诸多问题，实际上就是父母不满意，伴随而来的就是批评、指责、抱怨。可想而知，即使一个爱学习的人，如果总挨家长的批评，总受老师的打击，总被同学排挤，他也难免会厌学的。

家长和老师们的高标准、攀比心、失望与痛苦，就算嘴上不说，也会流露出来，让孩子萌生失败感，产生自责，对自己失去信心。无疑，这对孩子的心灵会造成巨大的损伤。等他们长大后，即使再会赚钱，当再大的官，也总对自己不满意、不认同，心灵上很难快乐起来。

有一个小学生放学回家后说："爸爸，我这次考了九十五分。"可在爸爸的眼里，小学生应该得一百分，于是随口训道："应该得一百分的，你怎么那么不认真！"

试想，父母爱的到底是孩子还是分数？如果父母不满意，就算下次考了九十八分，父母也会抹杀了孩子的进步，孩子也会因此看不到自己的进步，对自己始终不满意。一个不快乐的人，是难于把事情做好的。

在学校，老师按成绩给学生排队，这也会给孩子带来负面的心理暗示。一看就知道，只有少数孩子排前头，大多数都是失败者；有的孩子即使排前头，也害怕自己掉下来。

对此，教师可以不排名，并教育孩子学会全心投入，让自己处于最佳状态，才会做到最好。

别挖苦和讽刺成绩不好的孩子

　　爱因斯坦曾被小学老师斥责为"蠢蛋"，但他的成就证明这位老师的责难实为荒谬。

　　中国大陆著名作家二月河的长篇历史小说"落霞三部曲"——《康熙大帝》、《雍正皇帝》、《乾隆皇帝》，近年来在中国文坛放射出奇光异彩。二月河的才气非同寻常，其雄文华章，堪称传世之作，然而二月河当年的老师却称他是"饭桶"、"废物"，断言他肯定不会成才。

　　但事实证明，二月河当年的老师也错了。错在哪里呢？成年后的二月河对此有一个很好的说法：

衡量一个学生的成绩，分数固然是一个重要方法，但更重要的是一个学生的素质、个性和能力。这个世界是个多样化的世界，我们不能用一个统一的标准去要求每一个学生。上帝是公平的，给每个人以不同的才能，有的人这方面行，有的人那方面行，而且有的人在这方面特别行，在那方面则特别不行。关键是做老师的要善于发现、欣赏每一个学生的长处，尊重他们，引导他们，帮助他们树立生活的信心和目标，因材施教，扬长避短，发挥不同的才能，培养不同的人才。不应仅仅是用分数这个标准去衡量每一个学生，更不应挖苦、讽刺成绩不好的孩子，在学生的心灵上蒙上难以抹掉的阴影，对他们的日后成人、成才极为不利。

二月河呼吁："尊敬的各位老师，请善待您的所有学生，

在他们青春年少时，给他们以充分表现自己才华和个性的机会。"

台湾媒体人赵少康说："我从小到大很少得第一名，成绩却还可以，考试也都能过关。我也一直不认为老拿第一有什么好，因为当第一会很辛苦，而且要主观、客观、大环境、小环境等条件都配合才行，基督徒常说，'凡事尽心尽力，结果交给上帝'，我则认为问心无愧很重要，只要尽了力，没得第一又有什么关系？若没尽力，却侥幸得了第一，心中才是有愧的。"

别让功利教育抹杀了孩子的才能

有这样一个男孩很令人惋惜。早在他五岁时就喜欢捏小泥人，大拇指大的小人，他连盔甲上的钉、扣都捏出来，很逼真，很有天赋。小学时参加比赛，几分钟就捏出一个《牧童短笛》，得了一等奖。但孩子父母一定逼他学数学，最后他考上一所大学的数学系。他的父母觉得捏这些玩意不能当饭吃，但孩子的兴趣并不在数学，自然就学不好，花同样时间，别人会了可他还是不会。尽管按父母心愿上了数学系，但这孩子学得不开心，也很难有成就。像这个孩子，已经显露出才能，父母可以朝这方面培养，将来在美术、艺术设计

上发挥，照样有饭吃。

当今教育的一大弊端，就是太现实，也太功利，只看分数。家长要孩子只做他们认为有前途的事。可这样的孩子往往感觉不快乐，才能就这样被毁了。事实上，父母的责任是发现并开发孩子的才能，多创造条件，把孩子的才能与社会需要相结合。

当然，有些家长连自己有什么才能也不十分清楚，又如何欣赏孩子的才能。

总之，许多家长对孩子的成长规律、才能、潜力都不了解，只是按照自己的主观愿望去规划孩子，这就是不尊重生命，不把孩子看成是独立、与众不同的人。其实，如果发现不了孩子的才能，不妨多问问孩子，孩子最了解自己。感到学得吃力就是有问题，学得轻松愉快，就说明有兴趣。

推崇功利教育的父母常常会这样告诉孩子："你在班上要是考不了前三名，就考不上好高中；考不上好高中，就考不上大学；考不上大学，就没有好工作；没有好工作，就得不到高收入；得不到高收入，就过不了幸福生活……"一旦父母有这样的偏执，就很容易发生五大焦虑症状：

（1）担心孩子闲着，硬是把孩子时间占满了，内心才会感到踏实。

（2）担心孩子玩耍，把孩子捧在手心里，冲突随着孩子的成长不断加剧。

（3）担心孩子出错，盯着孩子的错误，放大孩子的错误，以反复提醒孩子的错误为教育手段。

（4）担心孩子吃亏，教孩子一些错误的、大人的人际交往方法。

（5）担心孩子失败，学习成绩、考试名次像戴在孩子头上的紧箍咒一样，让孩子每天战战兢兢地面对一切。

作家叶兆言的女儿曾在日记中这样写道：

"我每天晚上都是凌晨一点多睡，早晨八点三十分开始就要接受你（指爸爸）杀猪般催我起来的号叫，我的耳膜早已千锤百炼了。你是否知道一个人睡觉时的满足，那种舒适，那种安逸，那种甜甜的醉了一般的感觉，是一个中学生日夜渴求的，可是种种压力迫使这种美好的感觉总在刚刚萌芽后便告夭折。每天我总带着满嘴的臭气，满肚子的火气，满脸的鼻涕，愤怒地爬起来，半睡半醒地做我的僵尸梦！我从没有半夜起来上厕所的习惯，所以，不要因为你把我喊起来而得意万分。这不是你的功劳，而是我的膀胱受不住了。"

请了解孩子的心理

提起"同孩子一起成长"，有的家长会说，我们现在不用成长了，孩子长就行。

其实，父母也要成长。时空不一样，心理不一样，不了解孩子，怎么能帮他解决问题？

从出生起，孩子就在不断成长中。每天都在变，新的东西一直出现，当然也有人性中的弱点。只有了解孩子，才能真正给他关心与支持。可是家长们往往缺乏生理和心理的基本教育。

有句话说："三岁看大，七岁看老。"说的是人脑发育过程，七岁时，人脑发育已完成90%。父母必须懂这些，才会清晰、理性地知道自己该做什么。

母亲教育男孩子，应当明白小男孩不会走时就想跑，跌倒了爬起来还要跑。男孩的成长，是向外长的，新陈代谢速度快，思维、眼光、胆识都不断地想冲出去。许多母亲往往用女性思维去要求男孩，放在手心看着，一旦跑出视野就紧张，就要冲上去保护，这对男孩的成长是一种干扰和破坏。孩子不能安静地做自己的事，不能作出自己的决定，不能解决自己面对的问题，最终不能独立自主。

有位教育工作者在南部一所中学进行一个小调查：回家跟母亲说一句"我爱你"，看她啥反应。

反应一：

"妈妈当时在看报纸，没有理会我。我再接再厉，她还是不理我。我说了半天，她终于说话了，却说我爱她是应该的，她供我吃喝供我上学，她辛苦劳累多不容易，接着就提我的考试成绩……"

反应二：

"我妈妈问我从哪儿学得油嘴滑舌？"

反应三：

"我妈一边看着电视一边织着毛衣，我说了好几遍她都没反应，后来她直接问我是不是想问她要钱，要多少？"

如今社会开放，孩子学会更直接地表达感情，尤其在遭遇挫折时，更渴求得到父母的关爱抚慰。得不到家庭温暖的孩子，整个人就会像缩了水的黄瓜，目光阴沉，内心也胆怯自卑。

教育学专家说得好，"人做事，需要体力、脑力、心力。哪个方面出问题，人就不算是健康的；培养一个健康的孩子，等于母亲向社会这个庞大的肌体输送了一个健康的细胞"。

从孩子的身心成长阶段来看，他们最需要爱的时期是3到7岁，这段时间母亲一定让他们感受到充沛的爱。等到孩子一天天成长起来，对母亲的依赖需求才会越来越少。有个17岁的女孩，说自己把时间安排得满满当当，根本没有时间像小时候那样总和母亲腻在一起。

其实，每个父母，都是从14岁，15岁，16岁这样的年纪走过来，孩子喜欢什么，想要什么，会犯什么错，父母心底都是明白的。把这种过来人的感受慢慢说与孩子听，做他的死党密友，而不是监狱长管教员，给他们足够的安全感和信任感，何愁教不好孩子？

更正教育中的不当行为

今天，所有人都知道达尔文的"进化论"，而这一被恩格斯称为十九世纪三大定律之一的"进化论"，正是建立在超乎常人的想象和为此进行的大量实物证明之上。没有想象，就没有今天的"进化论"。爱因斯坦著名的相对论，也是超人想象的科学。难怪爱因斯坦说："想象力比知识更重要。"

没有人会因为失败去为一件事努力，却会因为成功去更努力。孩子的自然天性，更是如此。所以，总是失败的孩子越来越平庸，总是成功的孩子才越来越优秀。父母要是能在孩子身上发现十大优点，就是好父母；父母要是能发现五大优点，就是合格的父母；父母要是一个优点都发现不了，那就是不称职的父母。

接受孩子不同的想法

前段时间读了一篇短文。一位老师问小学生，冰雪融化了是什么？孩子们的答案五花八门，其中一个孩子回答得最好——冰雪融化了是春天。老师很惭愧，因为他的答案是"水"。其实，小学一年级语文课本上就有"冰雪融化，种子发芽，果树开花"这样让人怦然心动的句子——讲的就是美丽的春天啊！可是机械的"标准答案"多么面目可憎！过了几天，他又问孩子们："花儿为什么会开？""花儿睡醒了，它想看看太阳。""花儿一伸懒腰，就把花朵儿给顶开了。""花儿想跟小朋友比一比，看看哪一个穿的衣服更漂亮。""花儿想看一看有没有小朋友把它摘走。""花儿也有耳朵，它想出来听一听，小朋友们在唱什么歌。"这位老师又感动又感慨，因为他问过一些成年人，答案几乎都是："因为天气变暖和了！"

一家电视台做过这样一期节目，主题是"人的想象力是如何丧失的"。节目主持人在黑板上画了一个圈，问大家是什么？摄影机前，政府官员们求助秘书，见正在录像，便起身告辞。主持人又问大学生，学生们私下嚷道：这是什么烂问题！主持人又问初中生，有回答"〇"的，也有回答英文

字母 O 的。主持人再问小学低年级的孩子，大家抢着回答，"是一个○"、"是个月亮"、"是个鸡蛋"、"不，是老师的眼睛，她发脾气啦！"

又想起一个故事。

有个孩子在同学中没有人缘，原因是他经常"说谎"、"吹牛"。他捡到一块怪异的石头，会对同学们说："这是一颗宝石，可能价值连城。"同学们都哄堂大笑，笑他脑子有问题。可是他一点也不放在心上，依然我行我素，照旧对身边的东西发表奇特的看法。终于有一天，老师对孩子的父亲说，应该管教一下他这个胡说八道的儿子。但父亲并没有骂孩子，只是暗中观察。

一次，孩子在田地里捡到一枚硬币，他神秘兮兮地向姐姐炫耀说："这是一个古罗马造的硬币。"孩子的姐姐拿过来一瞧，却发现这是一枚十分普通的旧币，不过是由于受潮生锈，显得有些古旧罢了，这哪是什么古罗马硬币，真是胡说八道。姐姐便把这件事告诉父亲，希望父亲好好惩罚弟弟，让他改掉那种令人讨厌的"说谎"习惯。父亲却叫过孩子说："我怎么能责备你呢，我为你感到高兴，你的想象力真伟大。"

对于孩子父亲的"纵容"，许多人都说这父亲怎么也疯了，这孩子长大以后一定会变成一个满口大话的伪君子。但是，出乎这些人的意料，这个孩子长大以后却成了著名的科学家，他的名字叫达尔文。

今天，所有人都知道达尔文的"进化论"，而这一被恩格斯称为十九世纪三大定律之一的"进化论"，正是建立在

超乎常人的想象和为此进行的大量实物证明之上。没有想象，就没有今天的"进化论"。

爱因斯坦著名的相对论，也是超乎想象的科学。难怪爱因斯坦说："想象力比知识更重要。"小学时，我有个最好的朋友，上初中后就很少见着他，因为他家搬到城里了。我上大学时得知，只有高中文凭的他，当兵后到了部队竟然如鱼得水，被提拔为干部，上军校学习。当时还以为他家是不是有关系。时至今日，我突然明白，这个家伙上小学时是有名的"吹牛大王"，当时看了科幻卡通后，他竟把七千万年前的世界讲得神秘有趣，还说我们乘坐在一个飞碟中，其速度要是能达到光速，你就跟世界融为一体，无所谓生，无所谓死，或说你将长生不死……我当时不知道这有无科学道理，但他的想象力确实不同常人。

还有这样一个孩子，多年以前的一个晚上，他年轻的母亲正在厨房里洗碗，才几岁的他独自在洒满月光的后院玩耍。年轻的母亲不断听到儿子蹦蹦跳跳的声音，感到很奇怪，便大声问他在干什么。天真无邪的儿子也大声回答："妈妈，我想要跳到月球上去！"这位母亲并没有像其他父母一样责怪儿子不好好做功课，只知道瞎想！而是说："好啊！不过一定要记得回来呀！"

这个小孩长大以后真的"跳"到月球上去了，他就是人类历史上第一个登上月球的人——美国航天员阿姆斯特朗。

赏识孩子的个性

中国建筑大师黎锦熙，民国前十年在湖南办报，找了三个人帮他誊写文稿。其中一人沉默寡言，老实本分地按要求抄下来，错别字漏字也照实抄了，此人一生默默无闻。另一个认真负责，不仅先看了文稿，还把错别字漏字病句一并改了再誊抄一份。此人正是为《义勇军进行曲》作词的田汉。最后这位最是与众不同，现实认真研究了文稿，然后只抄写自己欣赏的，对那些与自己所思所想相悖的便弃如敝屣。这个人，就是毛泽东。

第一个人的人生理念是照抄照搬，因循守旧，可见，没有个性便不能成就自我。田汉办事认真，严谨务实，终也有所成就。毛泽东从小

就个性鲜明，坚持自我，走自己的路，对别人的东西能"拿来"为己所用，而不是受其左右，所以才发展了马克思主义，创立了毛泽东思想。

席勒也是一个坚持自我的人，他被送到斯图加特的军事学校学习外科医学，但却悄悄地创作了第一部剧本——《抢劫者》，而在这部作品首次上演时，他自己不得不假装成一名普通观众。

学校的管理像监狱一样，这令他十分厌烦，而对于作家生涯又是那么地向往。

于是，他破釜沉舟，冒着可能衣食无着的危险开始在清冷的文字世界里畅游。幸运的是，他得到一位善良女士的帮助，很快创作了两部伟大的戏剧，也因此闻名于世。

邓肯在很小的时候已能自创一种新的"自由舞蹈体操"，完全不同于当时流行于舞台上备受推崇的芭蕾舞。母亲见之欣喜，把女儿送到了著名的芭蕾舞学校去。

学校老师坚持要求邓肯用脚尖站立走路，这样才能体现古典芭蕾的美感和韵味。

邓肯不从，认为这违背自然。邓肯与老师争执不下，毅然退学，回家告诉母亲，老师所教的与她所想的完全不一样。她理想中的舞蹈应该充满生气与活力。母亲不仅没责备她，反而表示了充分的理解，对她说，"如果你认为自己的舞蹈才可以真正地表现自己，那么就勇敢地去跳自己的舞蹈吧。孩子，自由地表现艺术的真理，也是生活的真理。"

几年后，母女二人来到伦敦，机缘巧合地遇到著名歌唱家坎贝尔夫人，并且邓肯的舞蹈得到了这位夫人的赏识，帮助她在英国艺术节大展风采。此后，邓肯在巴黎，维也纳，柏林等地的表演获得一片赞誉，后被人们认可称赞为"世界上最伟大的女性"。

有这样一位爱好书法的天才少年，九岁时参加日本青少年书法展，就在东京引起轰动，其四幅作品全部被私人收藏，总价值一千四百万日元。当时，日本最著名的书法家小田村夫曾预言，在日本未来的书坛上，必将会升起一颗璀璨的新星。

然而，二十年过去了，不少默默无闻的人脱颖而出，而他却销声匿迹了。为什么会发生如此憾事？ 2002 年九州岛樱花节，小田村夫专诚拜访了这位幼时曾名震一时的天才，事后感叹道："右军啊！你毁了多少神童。"

右军是谁？右军就是中国东晋时的大书法家王羲之。这位小神童就是因为临摹他的书帖成瘾，而把自己的书法个性在二十年里磨得一点都没有了。尽管现在他的字与王羲之的比较起来，几乎能够达到乱真的程度，可是在鉴赏家眼里，

他的书法已不再是艺术，而是令人厌恶的仿制品。

一个天才因模仿另一个天才而成了庸才，这不是书法世界里独有的现象，它存在于人类社会的各个领域。现在政治、经济、文化乃至各行各界，大师级的人物之所以寥若晨星，绝不是因为天生的庸才太多，而是有太多的天才因模仿而成了庸才。

由此可见，家长和老师一定要赏识孩子的个性。综观古今中外，大凡有所成就的人，无不是坚持了自己的个性和特色，才从流俗中脱颖而出。

发现孩子的优点

中国著名教育家孙云晓，是大陆青少年研究中心研究员。1993 年，他的报告文学《夏令营中的较量》，通过对比中日两国少年的表现，反思中国教育观念，引起了强烈反响。他的女儿孙冉之所以能考上复旦大学，就是因为得到他正确的教育。

孙冉曾在日记中写道，人们都说，学英语是哭着进去笑着出来；学日语是笑着进去哭着出来。日语开头容易，越学越难，可英语相反。

那时，孙冉学日语遇到瓶颈，父亲及时鼓励她："孙冉，

你的日语发音很好听！""孙冉，听你和妈妈用日语对话真是一种享受！""女儿，能帮我给日本朋友打电话吗？你一定能行！"

事实证明，大人越夸孩子，孩子的状态就越好。渐渐地，孙冉成了学校的日语尖子。2000 年 4 月，月坛中学与日本LABO 国际交流中心在北京举行纪念大会，月坛中学唯一的学生代表就是孙冉。

就在孙冉高三第二学期时，学业压力紧张至极，每天的睡眠时间只有五六个小时。孙云晓十分心疼，每次女儿说："爸，今天的课不太重要，我想好好在家睡半天。"

孙云晓立即说："你好好睡吧，我替你请假。"

临近大考，孙冉紧张得失眠。为了缓解她的焦虑，孙云晓安慰说："考不上大学是很正常的，多数人都考不上，考不上没关系，有很多条路可以走。"

也许是太紧张了，孙冉模拟考没考好，打电话给妈妈时哭得说不出话来，回到家还泪水涟涟。孙云晓安慰女儿："没事，你考得不错，现在这个成绩能上大专了，没问题。现在离大考还有两个月，只要努力，是有可能发生奇迹的。"

孙云晓给女儿买了一本复旦大学的报考手册，只因为封面印着一句话："相信自己！相信自己的选择！相信自己选择的成功人生！"他让女儿每天早起把这几句话在阳台上大声喊几遍。

一开始，女儿的声音细小得像蚊子，父亲说："不行，你这是不相信自己！要大声喊，放开嗓子使劲喊。"后来孙冉

果然放开了嗓子喊，喊完了便觉得自己换了个人似的，心情舒畅，信心大增，结果大考成绩提高了一百分，成功考取复旦大学。

其实，孙冉每天喊那三句话就是给自己一种心理暗示。如果你相信自己行，就真的行。

没有人会因为失败去为一件事努力，却会因为成功去更努力。孩子的自然天性，更是如此。所以，总是失败的孩子越来越平庸，总是成功的孩子才越来越优秀。父母要是能在孩子身上发现十大优点，就是好父母；父母要是能发现五大优点，就是合格的父母；父母要是一个优点都发现不了，那就是不称职的父母。

著名作家二月河的成才同样也是因为发挥了自己的优点。二月河没上过大学，二十一岁才高中毕业。为什么呢？他老是留级。小学留一年级，初中留一年级，高中留一年级，共留级三年。二月河从小喜欢特立独行，率性而为，不受成规约束。他调皮顽劣，喜欢热闹，经常摸鱼、抓螃蟹，玩得十分痛快。他不爱学习，还经常逃学，老师也不喜欢他。

但是，二月河还是表现出特别的长处。他自幼对课外读物特别痴迷。上初中时，就凭兴趣，津津有味地读完了《水浒传》、《西游记》、《三国演义》等中国古典名著和《汤姆·索亚历险记》、《钢铁是怎样炼成的》等外国文学名著。正是由此而开掘的智慧泉流日后成就了二月河大作家的辉煌业绩。

二月河的老师当年可能没有发现二月河的优点，或者知道了却不以为然。幸运的是，二月河遵循了作家成才的普遍

规律。诚然，年少的二月河对正课是否感兴趣，对他的成才并不具有决定性的意义。

因此，善于发现孩子的优点，并加以因势利导，无疑对孩子的成才有积极作用。相反，因为孩子有缺点，就一棍子将其打死，是不妥的。这就像二月河当年调皮捣蛋、不务正课，老师就断言他肯定不会成才。

其实，每个孩子都有优点和缺点。关键是要发现孩子的优点。一些教育专家指出，有的孩子视觉发达，图像分辨和对比能力都很强，能敏感地感应到色彩层次变化，那么，可以考虑往绘画、摄影、设计或造型方面发展。有的孩子听觉发达，听声辨音能力强，节奏感强，音准也很到位，又在识谱和记谱方面有特殊才能，对音乐的兴趣十分浓厚。那么，可选择往音乐、乐器方面发展。有的孩子身体协调性、柔韧性佳，平衡感好，擅模仿，热爱运动，有强烈的表演欲望。那么，可以考虑选择往舞蹈、体育和机械相关的方面发展。有的孩子思维能力、逻辑推理能力、记忆力都很强，富有创造力，想象力丰富，爱动脑爱思考爱计算，那么，可能在科学研究上有特长。有的孩子表达能力强，善于与人沟通交流，语感很强，喜欢看书，听故事讲故事，那么，可能在写作、翻译等方面更有发展。还有的孩子交际管理协调能力出色，在众多孩子中常常扮演领导角色，适应能力也很强。那么，可能在政治、教育、管理和社会活动方面发展得更好。

当然，发现孩子的优点，也不是件容易的事。孩子的潜在能力，有时要经历很长一段时间的训练，才能较为充分地

发挥。有的要经过多次实践，除去大人的想象，才能真正发现孩子智慧上的特点。

家长要真正做到理解孩子，就要放手让孩子去做，允许孩子去做脱离父母设计和安排的事，允许孩子做错事，甚至作出一些"傻事"来。因为有时候聪明的孩子也会做出一些让人难以理解的事，这些事情在大人眼中看起来似乎是傻事。但就从这些事情中，可以发现孩子的兴趣和潜能，做父母的必须理解孩子的这些行为，并且允许孩子发表与父母不同的看法和意见。尤其是，当孩子已经显露出某种能力或特长时，应该尽量给他表现的机会，使他的这种能力和特长得到充分的发挥。

发明飞机的莱特兄弟小时候对月亮好奇，好几次天真地爬到树上"摸月亮"，有一次差点摔下来。速算大师史丰收上幼儿园时，非要把"小"字倒着写，他认为，既然"大"字下面两条腿向外伸得大大的，那么，"小"字两条腿就应该向中间并得小小的。上学后，一次算术课上，他突然问老师：人们看数、读数、写数，都是从高位到低位，为什么演算要从低位到高位？能不能从高位到低位演算？他最终创造了"快速计算法"。

因此，只有理解孩子，才能发现孩子的长处，真正加以有效的指导。

教育孩子要有如一的定见

要教育好孩子，父母必须对事物的好坏有始终一致的定见，无定见是教育孩子的最大禁忌。

卡尔·威特在《卡尔·威特教育》一书中讲了这样几个故事：

在我的孩子卡尔两岁时，我就开始从细微之处培养他的良好生活习惯，即使在餐桌上，儿子也会受到严格的教育。我告诉他，盛入自己盘中的食物一定要吃光，这样能够培养他勤俭节约的意识，同时又是一种磨炼。

如果卡尔想吃水果或点心，不论这对他吸引力有多大，我也会让他必须先吃完饭菜。我不会因为心软对他有丝毫的通融。

我希望卡尔在成长过程中能够确立有"分寸"的意识，我一直按照这样的原则去教导他。我要求他诚实、守信、准时，因为这些都是做人应该具有的优秀质量。

父母的言行一致、赏罚分明，会对孩子产生积极的效果。如果你要求孩子不说谎话，你自己就不能欺骗吓唬人；如果事先与孩子约法三章，父母就更要认真执行。

一次散步时，邻居史密斯太太因女儿的裙子被弄脏了而

31

生起气来，而大声责骂女儿。她女儿被训斥得哭闹一顿之后，她又马上递给女儿一小块点心安抚她。我上前问她为什么骂女儿，她说因为她弄脏了裙子，我又问她为什么要给孩子点心，你是为了表扬她，还是补偿她？她很无措，不知道说什么才好。

这样做的结果，就是女儿仍不明白自己错在哪里，下次她还是会不当一回事地继续犯错误。

我时常教育儿子，品学兼优是为了自己的成长，而家事本身则是每个家庭成员必须履行的职责。如果卡尔有相当出色的表现，我会给他一定的物质奖赏，还会带他去一个他向往的地方。

惩罚儿子要讲究原则，罚了便要罚得他心服口服，否则，惩罚便失去了教育的意义。所以，罚前要说明究竟讲清原因。

我曾对儿子说过："你必须早上按时起床，否则我会认为你是放弃你的早餐，你要为你的行为负责。"一次他起晚了，来不及早餐，因为我们早已把早餐收起来了。卡尔很委屈，企图辩解，但是我抢先开口对他说，我们有过约定了，他破坏了就要承担破坏的后果。

其实，一顿早餐没什么要紧，要紧的是要让他明白，言出必行，我跟他做的约定，不是开玩笑。

第二章

用积极的态度对待孩子

改变孩子的心态

吃点苦，并不是坏事，这会让平时显得很娇气的孩子，变得独立、勇敢起来。因此，应当教孩子转个心念，积极乐观地面对生活中的各种艰难困苦。

以积极的态度面对挫折

某校期中考试成绩出来后，有个同学因为各门功课都考得一塌糊涂而忧心忡忡，在课堂上无精打采，引起了老师的注意。老师把他从座位上叫了起来，随即捡起一张扔在地上的纸问："这张纸有几种命运？"

惊慌失措的学生愣了好一会儿才回答："扔到地上成一张废纸，这就是它的命运。"老师一言不发，当着大家的面在那张纸上踩了几脚，纸上印着老师沾满灰尘和污垢的脚印，然后又问学生这张纸片有几种命运。

学生回答道："这么一来，还有什么用途呢？当然是一

张废纸啦！"

老师没有表态，捡起来把它撕成两半扔在地上，又心平气和地问他同样的问题。

这位学生也被弄糊涂了，红着脸回答："这下真的更是废纸了。"

就在这时，老师捡起撕成两半的纸，很快就在上面画了一匹奔腾的骏马，而刚才踩下的脚印恰到好处地成了骏马蹄下的原野。骏马充满了刚毅、坚定和张力，令人遐想无限。

接着，又问那位学生："现在请你回答，这张纸的命运是什么？"

学生的脸色明朗起来，对老师说："您给一张废纸赋予希望，使它有了价值。"老题脸上露出一丝笑容，又掏出打火机，点燃了那张画，眨眼间纸张化为灰烬。

此时，老师意味深长地说："大家都看见了吧，一开始并不起眼的一张纸片，要是我们以消极的态度去看待，就会使它变得没有多大价值。要是我们再使纸片遭受更多的厄运，它的价值就会更小。

要是我们放弃希望让纸张彻底毁灭，它就根本不可能有什么美感和价值了，但要是我们以积极的心态对待它，给它一些希望和力量，纸片的命运就会改变，人跟纸其实也一样啊！"

转个心念再看苦

同样是一朵玫瑰花，有人会说："真不好，这花下怎么长刺呀！"也有人会说："太美了，这刺上头竟长出了鲜花。"同样是半碗水，有人会说："太糟了，只剩一半，再喝就没了。"也有人会说："太好了，还有一半水呢！加点进去就一碗了！"悲观的人，总是消极看待事物；乐观的人，总能够在苦中发现快乐。

有人组织了三十多个北京孩子到丹顶鹤的故乡——齐齐哈尔市郊扎龙自然保护区，参加夏令营活动。临行前，"营长"说："丹顶鹤的故乡，天蓝、云白、草绿，一切都很美丽，可那里蚊子之类咬人的昆虫也很多，咬起人来特别狠，感觉会很疼；如果感觉受不了，现在可以决定不去。"结果大家都愿意去。接下来"营长"说："从现在开始，无论遇到什么事，每个人只能说'太好了'，而不要说'太糟了'。"等到扎龙，孩子们真被蚊子咬了，但他们大叫道："太好了！这里的蚊子真聪明，不用特工侦察就知道北京孩子的血最

甜！"还有个男孩幽默地说："来到扎龙，最欢迎我的就是'蚊子兵团'！经过一番'亲密接触'，我喂了蚊子，蚊子喂了丹顶鹤。所以说，我为保护丹顶鹤作出了'贡献'，就因为这一点，我要夸自己'太酷了'！"

其实，吃点苦并不是坏事，这会让平时显得很娇气的孩子，变得独立、勇敢起来。因此，应当教孩子转个心念，积极乐观地面对生活中的各种艰难困苦。

著名作家史铁生已经患病许多年了，然而他说："对困境先要对它说'是'，接纳它，然后试试跟它周旋，输了也是赢。"作家如此说，也一直是这样做的。

有记者问他怎样看待自己的病。

这位在轮椅上待了二十多年，每隔几天都要去医院做血液透析的史铁生，回答很出人意料，他回答是"敬重"。

按照记者的想法，应该是"恐惧"或"厌恶"，他不明白作家的态度为什么是"敬重"？

面对疑惑不解的记者，史铁生解释说："这绝不是说我多喜欢它，但是你能说什么呢？讨厌它呢？恨它吗？求求它快滚蛋？一点用也没有，除了自讨没趣，就是自寻烦恼。但你要是敬重它，把它看作一个强大的对手，是命运对你的锤炼，就像是个九段高手点名要跟你下一盘棋，这虽然有点无可奈何的味道，但你却能从中获益，你很可能就从中增添了智慧，比如说，逼着自己把生命中的意义都看明白。一边是自寻烦恼，一边是增添智慧，选择什么不是很明白了吗？"

史铁生曾与世界短跑冠军刘易斯合影留念。照片中，史

铁生安静地坐在轮椅上，刘易斯潇洒地站在他身边，两人的手紧紧地握在一起。尽管身体衰弱的史铁生，连站都站不起来，但他的灵魂却无羁地奔跑着，跑得跟刘易斯一样快，甚至比他还要快。刘易斯读过史铁生写的书，他尊重这个坐在轮椅上的中国作家。刘易斯的眼睛凝视着史铁生，眼光里不是怜悯，而是尊敬。可以说，他们的灵魂是相通的，甚至他们都是在与命运赛跑。因为从人生的意义来说，他们顽强拼搏，自始至终都不认输的精神是一样的。

接纳病痛、敬重挫折，这是史铁生乐观处世的态度，结果他战胜了心灵的忧伤和沮丧。史铁生曾经将疾病与"漂流"做了一番有趣的比较，从中也突显他平和、乐观、澄明通透的心境。

他在《病隙随笔》中这样写道："生病也是生活体验之一种，甚至算得上一项别开生面的游历。这游历当然有风险，但去大河上漂流就安全吗？不同的是漂流可以事先做些准备，生病通常猝不及防；漂流是自觉的勇猛，生病是被迫的抵抗；漂流，成败都有一份光荣，生病却始终不便夸耀。不过，但凡游历总有报酬：异地他乡增长见识，名山大川陶冶性情，激流险阻锤炼意志，生病的经验是一步步懂得满足。发烧了，才知道不发烧的日子多么清爽。咳嗽了，才知道不咳嗽的日子多么安详。坐上轮椅时，我老想，不能自立行走岂非把人的特点搞丢了？等生出褥疮，一连数日只能歪七扭八地躺着，才看见端坐的日子其实多么晴朗。后来又患'尿毒症'，经常昏昏然不能思想，就更加怀念往日时光。终于醒悟：其实

我们都是幸运的,因为任何灾难的前面都可能再加一个'更'字。"

　　诚然,接纳疾病的态度让史铁生在当代文坛获得了难能可贵的心境,而他跟病痛周旋,就像石头一样坚强,又像花朵一样温柔;像火一样热烈,又像水一样博大。最终他成了人生竞技场上的胜利者。

　　对孩子来说,苦头可能是生病打针,是体育课的长跑训练,是摔倒之后的磕碰擦伤。苦是苦事,没人歌颂痛苦。人类历史上所有的改进,包括社会制度、经济体制与技术上的进步,是为了减轻与消除人所遭受的苦。但,苦对涉世之初的孩子来说,它推开了生活的另一扇窗子,就像经历春天的人又经历冬天一样。这时候,面临它,会减轻苦的敏感度,退缩却能延长它——少小不努力,老大徒伤悲,说的不就是逃避吃苦反造成更大笔痛苦吗?如果人生有固定数量的苦头要吃的话,早吃比晚吃好,吃尽比留个尾巴好。有句话说得好:"苦尽甜来。"

驱除心理"黑子"

心理医生指出，每个人的内心多多少少地存在着不同的弱点。对孩子而言，这些心理上的弱点就像是太阳上的黑子，白玉上的瑕疵，成为他们成长道路上的羁绊，还会干扰他们的思维和判断，甚至影响人际关系和处世态度。教育专家们总结出了几种常见的心理"黑子"：

疑心病。凡有疑心病的人，总是虚构一些因果关系去解释别人为什么会有这样的举止言谈。例如，有位男同学参加学校举行的演讲比赛时，发现台下有一名观众打瞌睡，竟得出这样的推论："看来，我的确是个不受欢迎的参赛者。"其实，这个观众不过是因为前晚熬了夜。又如，有位女同学见到别人小声交谈，就认为是在议论她。

争"公平"。具有公平心的人，要求世界上的一切事情都应该是公平的，每个人都应当受到同样的待遇。然而，世界不可能是绝对公平的，人吃鸡，鸡吃虫，虫吃草，这公平吗？企求绝对公平的结果，让人总是抱怨世界的不公平，忌恨比自己强的人。

"应该"论。许多人的情绪被"应该式"所操纵。例如，如果我对某人好，他就应该对我表示感谢；如果我努力学习，

就应该获得好成绩。否则，他就要郁郁寡欢。这种人总是认为自己有资格立刻得到自己想得到的一切。实际上，这只是幻想。

贴标签。人愤怒时，最易轻举妄动，随便给人定性"贴标签"。比如，"恶劣"，"无可救药"，"品性低下"等等。诸如此类，根本看不到对方的优点，只能从这些定性的标签出发，造成人与人之间的仇视。

依赖癖。有的孩子依赖父母，一旦离开大人的保护便无法支撑起自己的日常生活。这种情感的依附，使孩子注定生活在对孤独的极度恐惧之中。脱离这种情感陷阱的最好办法，是要做到人格独立。

求赞许。赞许是一种力量，却不是支配力量，而许多孩子则产生认知错误，一旦别人不再赞许自己，就认为自己一无所有。

赞许不是唯一真理，不是价值尺度，寻求赞许的实质其实就是不自信。

求完美。有些孩子是完美主义者，对人对己要求严格，力求尽善尽美，最后变得越来越不可理喻。须知，真正的完美在这个世界上是找不到的，不要将感觉与现实混为一谈，这样产生的破灭感对将来的为人处世影响很深。

自懈心。一旦具有这种心理，便总是为自己找借口，不愿意再费心费力改变自己，发展自己。这很危险，仿佛认命般不为任何事情再做努力，然后抱着这个安稳的挡箭牌，总是原谅自己的过错。

内疚狂。总是承担责任，不管是不是自己的。这种强烈的负罪感，已经不是正常的责任感了，而是畸形的，病态的。常常抱有此种情绪，不仅影响心理健康发展，对身体健康也极为有害。

此外，当孩子心情不好时，家长和父母可以给孩子支几招，让他们重拾好心情。

（1）买本图文并茂的笑话书读一读，其中逗乐之处一定能感染他们。

（2）出门散步十分钟，边走路时边深呼吸，同时注目周围优美的环境，能在此时此刻让人"耳目一新"。

（3）闭上双目，大脑放空，"跃出"现实，"闪回"回忆，多想想往日美好温馨的情景。

（4）进行几分钟的有氧运动或健身操，很快可以改变心理感觉。

（5）让孩子给某位性格开朗、乐观的亲朋好友打个电话，他们能给孩子热情的鼓励，或者寥寥数语即能解惑去烦。

（6）看一部搞笑的电视剧或电影。

（7）想办法帮助身边可以帮助的人。做好事永远是快乐的法宝。

转化孩子的情感

父母应该改变一下不合时宜的教育模式，转换自我角色，给足孩子自我空间，多以平等的方式与孩子交流，为孩子营造快乐的氛围，给孩子一些积极的暗示，让孩子在快乐中健康地成长。

在朋友家里，威廉听到了让他终身难忘的一席话："今天走的路，你要记在心里，无论你与目标之间有多远，也要学会轻松走路。只有这样，在走向目标的过程中，才不会感到烦闷，才不会被遥远的未来吓倒。"

其实，每一个孩子都愿意履行对他信任的人的承诺。如果家长和老师能给孩子一份最诚挚的信任和鼓励，他就会敢于向前奔驰，取得让人刮目相看的好成绩。

不快乐的后果

新学期伊始，来了一位老师，要每位学生买一条金鱼，然后带回家养起来。

老师每天都会问他们，家里养的金鱼快不快乐。过了一个月后，许多孩子养的金鱼都死了。

问他们鱼死的原因时，孩子们都说不知道。

这位老师告诉孩子，每条金鱼都有寿命，如果它是快乐的，可以活得很长；如果它是不快乐的，那么它只能活一个月，甚至更短。

孩子们想知道让金鱼快乐的办法。

老师说："这不算难，定期给金鱼换水，给它吃不多也不少的食物，食物太多，它会胀死；太少，又会饿死。还要在玻璃缸里放入水草，让它觉得自己生活在自然环境里，最好还应有一条小鱼陪伴它，让它不至于太孤独……"

孩子们承认自己都没有做到这些。

对大人来说，孩子其实就如一条金鱼，没有快乐就不能健康成长。可许多家长太看重名利，而忽视快乐对孩子的重要性。

在第二十八届全球心理学大会上，美国心理学专家琳

达·卡姆拉斯发表的《中美儿童发展》引起了许多人的关注。她的研究结果显示，三岁的美国孩子微笑要比同龄的中国孩子多55.6%。美国孩子比中国孩子爱笑，意味着美国孩子比中国孩子更快乐。

不快乐会导致什么？对金鱼来说，会失去生命；对人而言，长期的不快乐会导致忧郁症。调查显示，中国目前约有20%的儿童出现忧郁症状，其中4%为临床忧郁，即需要接受临床治疗的重症忧郁。临床诊断表明，儿童异常的心理问题通常表现为焦虑不安、忧郁、恐惧等，异常行为问题则包括自闭、攻击心强、胆小、表达能力差、注意力不集中、自制力差、不合群等。

澳大利亚专家莫尼卡·屈斯克利博士，曾设计了一个实验，以考察儿童自制力。

两盘巧克力，一盘多一盘少，孩子们只要能多忍住15分钟不动，就可以吃到多的那盘，反之则只能得到少的。这实验延续七年，跨越了文化种族，结果是，在参加该实验的上百名3至4岁的中国儿童中，超过80%的儿童只忍耐了几分钟就要求得到巧克力，而66%的澳大利亚孩子都等到了多的那盘。

可见，中国孩子的自制力不容乐观。

近些年来，青少年沉迷于网络，跟自闭、不合群、自制力差关系很大。首都师范大学心理学系雷雳博士发现，自制力较差的孩子容易受到网络的消极影响。那些单纯注重现时享乐的孩子极易出现网络成瘾的症状。那些不合群的孩子，

由于在现实的人际关系中遭遇困难，就只好求助于网络的虚拟世界，以建立自己的人际关系。雷霄指出："这使他们在现实中更加封闭和孤立。"

然而，美国密执安州立大学教授琳达·杰克逊追踪调查130个平均年龄为13.5岁的美国孩子后指出，美国孩子并不经常使用网上聊天工具。许多美国孩子说，既然有父母和朋友，为什么要同陌生人交谈。台湾孩子由于父母不能和他们平等沟通，再加上现实中的人际关系障碍，反而促成了孩子沉迷于网络，而父母的粗暴干涉，又激发了孩子的逆反心理。

因此，中国的父母应该改变一下不合时宜的教育模式，转换自我角色，给足孩子自我空间，多以平等的方式与孩子交流，给孩子营造快乐的氛围和一些积极的暗示，让孩子在快乐中健康成长。

把快乐赠给孩子

先说一个故事。

二十岁的他已是上海复旦大学生物系的高材生，再过一年就能拿到学位。但出人意料的是，他退学了。他从小的梦想就是哈佛大学，因此离开复旦，对他来说并没什么，他只是为了签证，在国内等了四年，第三次申请才获准。

他做了十年哈佛梦，可是最后，1998 年他即将获得遗传学博士学位时，他毅然放弃学位，回国跟同学一起创业。

这个同学名叫张朝阳，今天的中国 IT 业的神话。昔日，他们一起白手起家，一步一步成为搜狐网中坚。1999 年他即将成为搜狐总裁之际又一次放手离开，正因为不愿给别人打工，帮别人成就梦想。

再说一个故事。

他创办"e 龙网"，"e 龙网"刚获得 6000 万资金支持，他又离开了"e 龙网"。

十多年来他遇到了若干机会，只要抓住哪一个，都能功成名就，但他没有坚持下去，而是在到达巅峰的时刻，满意地转身而去。

人们不承认他是英雄。他却不这么看，他说人生是一个不断追求的过程，这个过程应该是快乐而自我的，是得到自己价值观认可的。别

人眼中的功成名就，他并不认为是一个人的终极价值。

这个人的名字叫张黎刚。他说，天下唯有一种英雄，那就是"人性的英雄"。他只为享受成功过程中的快乐，而把成功的果实给了别人。

我们这个社会目前还不懂赞赏他的价值观，但他要是不善于追逐快乐，也未必会有这么多令人艳羡的机会。

无论怎么说，快乐对于人的健康成长是极其重要的。

有位乡下父亲特别爱唱歌，不仅在家里唱，而且还会到村外唱；不仅早上唱，晚上也唱。他的孩子都是在他的歌声中长大。当家里来了客人，饭吃到一半，这位父亲就会提议："你来了我很高兴，我送给你一支歌好不好？"客人有点吃惊，因为在别人家中做客从来没有受到过这种隆重待遇，还没来得及表态，他就调整嗓子唱了起来，还会站起来手舞足蹈，但姿势很自然。

这位父亲还很注意听众的口味，会体贴地让他们点歌，孙子结婚时唱的是《花好月圆》，给小儿子女友唱的是《花儿为什么这样红》、《你就像一朵玫瑰》，给朋友们唱过《友情》、《流浪到淡水》。

现在许多歌手唱歌，常讲废话，还边唱边要和人握手，而且动不动就要求"来一点掌声"。这位父亲说唱就唱，不会作秀，只是希望把心底的快乐传递给身边的人，所以他是一个好歌手。

欣赏过这位父亲小型独唱会的朋友们，都很难忘这歌声，尤其是那单独献给他们的歌声。

乐器中，这父亲最喜欢口琴，因为成本低且便于携带。其实无论什么乐器，二胡、板胡、小提琴等等，只要一到父亲手中，摸索三下两下，就会发出奇妙的声音来。

这家人中继承父亲特质的，首推三儿子。三儿子开了一个小铸造厂，雇了十几个男女工，他犒赏这些离家在外打工者的亲和方式，就是花生米大锅菜啤酒外加霹雳歌舞。一个长得很酷的黑大个儿，月亮下且歌且舞，真是酒不醉人人自醉。显然，工人们在不景气的情况下，还能和老板共渡难关，和这一场场同欢共乐有很大关系。

当然，他的孩子也不是个个都唱得好，但他从不批评苛求，总说："好，唱得好！"又把口琴的调调整得再低一些，配合大家唱。

这位父亲影响了很多人，尤其是激起了孩子们对生活的热爱，对未来的梦想……

轻松快乐的人会取得更好的成绩

美国专栏作家威廉·科贝特曾经说过："我们的目光无法一下子投向数十年之后，我们的手也无法一下子就触摸到数十年后的那个目标，其间的距离，我们为什么不能用快乐的心态去完成呢？"

威廉年轻时，颇有理想。由于他急于成功，便辞掉了报社的工作，一头埋进创作中。不久，他感到十分痛苦和绝望，因为心中的"鸿篇巨著"怎么也写不出来。

一天，在街上碰到朋友，就向他倾诉了内心的苦恼。

朋友听了，对他说："咱们步行去我家，好吗？"

"步行去你家？•至少也得走上两个小时。"

朋友见他退缩，便改口说："不然到前面走走就好。"

一路上，朋友带着他到射击游艺场观看射击，到动物园看猴子。他们走走停停，不知不觉，竟走到了朋友的家里。两个多小时走下来，他们都没有感到一点累。

在朋友家里，威廉听到了让他终身难忘的一席话："今天走的路，你要记在心里，无论你与目标之间有多远，也要学会轻松走路。只有这样，在走向目标的过程中，才不会感到烦闷，才不会被遥远的未来吓倒。"

威廉恍然大悟："我们今天走了两个多小时的路，按理说应该很累，可我们轻轻松松就走了这么长的路，这是因为我们一路上都很快乐呀！"从此，威廉改变了创作态度，不再把创作看成是一件苦差事，而是在轻松的写作过程中，尽情地享受创作的快乐。不知不觉间，他写出了《莫德》、《交际》等一系列名篇佳作，成为美国一位著名的专栏作家。

著名电视节目主持人吴小莉回忆自己高中时，一位英文老师曾说："世界上什么人最快乐？只有重度智慧不足者最快乐，因为他们单纯得不明白什么叫不快乐，但是在座的各位都没有这种单纯快乐的能力，所以唯一的方法，就是让自

己聪明一点，懂得寻找人生的快乐。"

我们的孩提时代，单纯快乐。若要维持到长大成人，则需要足够的智慧。人立身于世的根基是什么，是健康的人格。健康的人格便是一直保持能够渡过人生起伏的乐观心态。这是一种人生境界，是人从小到大潜移默化中的心智修炼。我做准妈妈的时候，就要求自己积极地生活积极地快乐，这是我给宝宝最好的"胎教"。有一年在香港做电视节目，谈生活的时候，我想也未想脱口而出："我希望我的生活是不断快乐的累积！"

我至今仍在实践这句话。我感谢父母给予我热爱生命的快乐能力，等我老了，看今天开怀大笑的样子，就会知道，我成功地活过生命的每一刻。

南非前总统曼德拉一句话我很喜欢，"生命中最伟大的光辉不在于永不坠落，而是坠落后能再度升起"。这是最值得欣赏的生命状态，它富有弹性，充满希望，让人快乐地经历风雨，笑对人生。

让孩子保有对世界的信任

有个朋友的孩子在美国一家幼儿园上学。那天送孩子去幼儿园，才进门，老师就跑来兴奋地对孩子的父母说："我

们有好消息给你！欢欢的自行车找到啦！"

接着，全体小朋友一起唱歌祝贺，每人都跑来拥抱了他一下，真比丢车的人还高兴。

车是怎么丢的呢？上周五，欢欢把自行车忘在活动中心外的草坪上，第二天才想起来，回去一看早不见了，他很伤心。

按家长的想法，自己粗心忘了东西，丢了也就丢了，安慰安慰就算了。但欢欢从幼儿园回来后说，老师听了这件事很生气，说一定要帮忙把车找回来，必要时可能还要找警察。因为老师曾看见一个小孩骑着欢欢的自行车到处跑，他却说是自己的。

原来，这是一个高年级的孩子把车偷走，又送给了那个小孩。那个大孩子因此被罚两星期不得去活动中心。

欢欢的父母有点不安："两个星期，是不是罚得太重了？是我们自己把车忘在外面了呀！"他们认为，那大孩子是"捡"了一辆车，因为车没上锁，也没放在停车位。

老师郑重地说："这是很严重的品德问题，即使是别人忘记的东西也不应该碰！对孩子而言，他去年已经丢了一辆自行车，如果这辆车再找不回来，会影响他对世界的信任。"

许多父母习惯责备孩子，其实，保护孩子对世界的信任是一件大事。

多年前，一艘货船行驶在苍茫的大西洋上。一个黑人小孩不慎掉进了波涛汹涌的大海里。孩子大喊救命，由于风大浪急，谁也没听到呼救。尽管货船离他越来越远，但求生的

本能使他拼命地挣扎。不一会儿，这孩子四肢无力，可一想到船长那么慈祥和蔼，就觉得他一定会来救他。

终于，船长发现一个孩子不见了，断定孩子是掉进海里，于是下令掉头去找。这时有人劝道："都这么久了，算了吧，没被淹死，也让鲨鱼吃了……"船长犹豫了一下，还是决定回去找。又有人说："为一个黑奴孩子，值得吗？"船长大喝一声："住嘴！"

幸运的是，就在那孩子将要沉下去的最后一刻，船长赶到，救起了孩子。

当孩子苏醒过来，跪在地上感谢船长的救命之恩时，船长扶起他吃惊地问："孩子，你怎么能坚持这么长时间？"

"我相信您会来救我的，一定会！"

"你怎么知道我一定会来救你？"

"因为我认为您是那样的人！"

话音刚落，白发苍苍的船长"扑通"一声跪在黑人孩子跟前，泪流满面："孩子，不是我救了你，而是你救了我啊！我为我在那一刻犹豫而感到羞耻……"

虽然船长也有过放弃的念头，但他毕竟还是及时地赶回来救起孩子。船长值得称道的为人，让这个孩子保有对世界的信任。

从上面的故事，足让人看到信任的力量。孩子要是对世界万念俱灰，那他马上就会被这无情的现实给吞噬了。信任就是生命的力量和支柱，给落难孩子极大的希望，坚定着他必生的信念。

身为家长和老师，应当相信孩子，在信任的鼓舞下，孩子在学习与生活中真的会很行。

有位语文较差的学生，期中考只得了五十九分，他生怕回家被父母训斥，于是私下对语文老师说："老师，请给我的作文加一分吧，就一分，求您啦！"老师想了一会儿，说："可以。不过你得想好，加的一分是老师借给你的。分数可不是随便借的，这次借一，下次还十，再下次还二十，不然就不借。"

小孩犹豫了一下，便鼓足勇气答应下来。期末考试，小孩实际分数八十二分，老师的给分是七十二分加十分，并在卷子上注明：精神嘉奖分。他是全班唯一得精神嘉奖分的学生。于是为求表现，小孩拼命用功，第二年期中考试，他得了九十六分，老师的给分是七十六分加二十分，夺得了全班最高的精神嘉奖分。

原来，保护孩子心中那点星星之火，就足以使孩子闪出智慧的光芒。

其实，每一个孩子都愿意履行对他信任的人的承诺。如果家长和老师能给孩子一份最诚挚的信任和鼓励，他就会敢于向前奔驰，取得让人们刮目相看的好成绩。

赞赏孩子的微笑

微笑可以打赢官司，可以价值万元，可以挽救生命……可见微笑的力量真的是举足轻重。有人甚至认为，忘记微笑是一种严重的生命疾患。

微笑能构筑和平，能博得理解，能有益健康，能感动心灵……总之，微笑的人生才是最美的。

真诚的微笑价值连城

关于微笑的故事有很多很多，我年少时代就知道这么一个。

一场突如其来的事故烧伤了一个漂亮美国女孩的右脸，更可怜的是，由于神经损伤，她不仅不能通过医疗整容恢复容貌，而且永远不能做出任何表情。女孩的父母对责任者提出上诉。法庭上，律师请女孩先将烧坏的右脸转向陪审团，人们纷纷不忍看去，充满了同情。接着，律师又让女孩把完

好的左脸给陪审团看。她的左脸上竟然挂着美丽的微笑。最后，陪审团一致裁定肇事方败诉，而且需要支付大量的赔偿金额。这是微笑的价值。

加州有个六岁的美国女孩，偶然遇到一个陌生人，陌生人给了她四万美元现金。消息一传出，整个加州震动了。

许多记者纷纷前来访问。"小妹妹，路上遇到的那个人，你认识他吗？他是你的远房亲戚吗？他为什么会给你那么多的钱？那位给你钱的先生，他是不是脑子有问题……"

小女孩露出甜美的微笑，回答："不，我不认识他，他也不是我的什么远房亲戚，我想……他脑子应该也没有问题！为什么给我这么多钱，我也不知道啊……"记者们用尽一切方法追问，也还是不得而知。

邻居和家人也感到很奇怪。最后，他们试着用小女孩熟知的方法来引导她，要她回忆一下，为何那个过路人会给她这么多钱。

小女孩努力地想了又想，十分钟后，她忽然明白似的说："就那一天，我刚好在外面玩，在路上碰到那个人，当时我对他笑了笑，就只是这样呀！"

"那么，他有没有说什么话呢？"父亲接着问。

"他好像说，'你天使般的微笑，化解了我多年的苦闷'。爸爸，什么是苦闷啊？"

原来那个陌生人是一个不快乐的有钱人，由于他脸上的表情始终非常冷酷而严肃，当地根本没有谁敢对着他笑。他偶然遇到这个小女孩，对他露出真诚的微笑，使他的心不由

得温暖了起来，融化多年冻结在心灵上的坚冰。

要是一个天使般的微笑，能够打开心中纠缠多年的死结，这样的笑容应该是无价的。

又想起九年前从书上看到的一个故事。在西班牙内战时，一位国际纵队的普通军官不幸被俘，受尽折磨。就在被处死的前夜，军官搜遍全身，意外发现半截皱巴巴的香烟。他想吸上几口，缓解临死前的恐惧，可是没有火柴。再三请求之下，铁窗外那个无动于衷的士兵总算掏出火柴，划着火。当四目相接时，军官情不自禁地向士兵送上了一丝微笑。奇怪的事情发生了，那士兵在几秒钟的发愣后，嘴角不太自然地向上浮起，最后竟也露出了笑容。后来两人开始交谈，谈到了各自的故乡，以及他们的妻子和孩子，甚至还相互传看了他们与家人的合影……就在天色渐亮而军官泪流满面时，那士兵竟然悄悄地放走了他。微笑，沟通了两颗心灵，挽救了一条生命。

微笑可以赢得胜诉，微笑可以价值过万，微笑可以挽救生命……可见微笑之力，还有什么可以比肩这种力量呢？忘记微笑实际上就是一种严重的生命疾患。因为只有懂得微笑的人，才会有内心的宁静和真正的幸福，否则生命中必有遗憾。

捐一个微笑给他人

微笑能构筑和平，能博得理解，能有益健康，能感动心灵……总之，微笑的人生才是最美的。

有位母亲牵着女儿的手，正排队等着捐款。

快轮到她们了，只见捐款台上摆了个用红纸包裹的募捐箱，纸上写着："向地中海贫血儿童献爱心。"年轻母亲捐过款起身要走，募捐箱旁的一个中学生模样的姑娘似乎对可爱的小女孩很感兴趣，拉住她的手，逗她说："小妹妹，妈妈给患病的哥哥姐姐捐钱了，你捐点什么呀？"

小女孩没言语，看看母亲，又看看弯腰跟她说话的姐姐，手在口袋里掏了几下，什么也没有，嘴一撇，竟哭起来，原本只想逗逗孩子的中学生慌了神，涨得面红耳赤，尴尬地站着，一脸歉意看着小女孩的母亲。

还是年轻的母亲有经验，一点都没慌，边给孩子擦眼泪边说："洋洋，你给姐姐笑一个，就说自己捐一个甜甜的笑给患病的哥哥姐姐。"

小女孩真的立刻笑了，尽管脸上带着泪水，那笑也显得很别扭，却让人很感动。

有人看着母女俩已经朝前走去，但那个漂亮的小女孩又

回过头，一次，两次，三次，每一次脸上都带着甜甜的笑。哦，这是天使般的笑，总共有六个。

一位朋友向我讲了一段他的往事。那是高二时，他们班来了一位年轻美丽的女教师。这位老师是教英语的，脸上总是挂着淡淡的微笑。朋友的成绩一般，但很爱写作。一天，他终于鼓起勇气，把自己一篇获过奖的散文及其英语译文交给老师："我想用英文投稿，请您修改一下。"他说得结结巴巴，但老师很爽快地答应了。

就在第二天上课前，她便把文章给了他："翻译得还不错，你再润一润稿就行了！"我的朋友仔细一看，不但补上了所有留空的生词，而且对语法和结构也做了调整，甚至还把一些"中式英语"改为地道的英美俚语。最后还留下了这样的评语："我知道，能写出如此飘逸散文的男生，心思一定很敏锐。我不赞成男孩子感伤，但是能将感伤美化到如此引人共鸣的地步，就值得大家分享了！继续努力吧，有困难再来找我！"

这篇叫《雨季不再来》的散文，讲的是少年的他，从那段情感的废墟中走出后，比从前坚强成熟多了。

此后两个多星期，我的朋友成天泡在图书馆里，查数据，不断修改稿子，请老师再修改之后，投了出去。

很快，文章发表了。电话中，老师很高兴，鼓励他继续努力，一向不善言辞的他，只是不断地说"谢谢"。她微笑道："那是你的成绩，我为你感到高兴，我只要你给我一个微笑就行！"

包容孩子的过失

一个人的心灵是靠尊严支撑着的，如果孩子出现一点过错就被指责，那只会伤孩子的自尊，孩子失去了尊严就不能健康地成长。

当孩子有不当之举，如果老师以一颗包容心去对待孩子，并加以一定的引导，就会出现好的效果。

让孩子在包容心里健康成长

周末聚会，和几个朋友喝茶聊天，不知是谁谈起了那些颇令人感动的事情。

宋讲了一个听来的故事。他说，迈克有两个儿子，一个五岁，一个七岁。这天，他在院子里教大儿子杰克使用割草机。正当他教儿子怎样在草坪尽头推动割草机时，妻子玛丽喊住了他。迈克回身同妻子说话，杰克此时推着割草机冲过草坪边的花圃，留下了一条两英尺宽的小径。迈克回转身来，

看到发生的一切，有些失去控制。要知道，他花了多少时间和精力去培育这片花圃。就在他提高嗓门要训斥儿子时，玛丽快步走过来，手按在他肩上，说："亲爱的，想想看，我们养的是孩子，不是花！身为父母，分别轻重缓急是多么的重要。那些割草机辗过的花已经死了，我们不能再伤害孩子的自尊，以免错上加错。"

接过宋的话题，赵说了一个自己的故事，他说的是一位老师。那时，他很怕写作文，老师一出作业，他就担心。有一次，老师要同学们写一篇《快乐的周末》，但他无论如何也写不出来，于是找来一本作文书，抄了一篇。作文交上去，老师没有发现，结果给了很高的分。当老师在同学们面前朗读这篇作文时，突然有个同学站起来说："这篇作文是抄的。"老师停止朗读，他也羞愧得低下了头。"对呀，赵同学在作文上已经注明了，抄一篇作文，也是一种学习。"说着，老师意味深长地看着他。

听了赵的故事，大家都觉得这真是一位好老师。我也讲了一个在德国颇有影响的新锐画家肖恩的成长故事。

十七岁那年，肖恩的父母离婚后，他跟父亲生活在一起。但母亲的离去，使他的生活黯淡起来。肖恩本渴望成为一名画家，可现在对什么都不感兴趣了。他真的很爱母亲，那时，每逢自己完成一幅画，她都会报以温柔而又迷人的微笑。

过了一段时间，班主任休产假，来了一位名叫凯拉的代课老师，这位年轻女教师的嘴角经常露出笑容，和肖恩母亲很神似。

从看见凯拉笑脸的那一刻起，肖恩就喜欢上她。是的，年轻女教师的出现，激起懵懂少年对美好事物的无限向往。其实，不止肖恩，同学们都喜欢上了这位善良、亲切和美丽的老师，还专为她举办了一场舞会。

最令肖恩兴奋不已的是，拥有曼妙身材和优雅舞姿的凯拉，邀请他跳了一曲狐步舞。肖恩深深地迷上了这位老师，甚至幻想着能和她生活在一起。

很快，班里展开夏令营活动。营火晚会上，肖恩渴望老师再次邀请他跳舞，可同学们都争先恐后地抢在他前面。肖恩心里一阵不快，便独自到离营火不远的河边想心事。

突然，凯拉朝河边走来，并没有看见他。那天晚上的月光特别明亮，她先是洗了一把脸，回头一看四下无人，便脱下衣服，跳入水中。肖恩羞得面红耳赤，因为他意识到偷看是不道德的，但强烈的好奇心使他无法控制，趴在树木丛下，贪婪地欣赏着月光下那女神般的动人躯体。

正当肖恩意乱情迷时，不小心碰响了一块石头。凯拉紧张地大叫："是谁？"

凯拉看到肖恩，肖恩惊慌得不知所措。但很快，老师把头扭到一边，他趁机躲到了树的黑影中。

有些耳尖的学生听到老师的尖叫，都跑了过来，异口同声地问："老师，发生什么事了？"

肖恩一听，害怕得腿都软得支撑不了颤抖的身体。忽然，他听到老师的声音："没什么，我刚才看见一只狐狸。"

"狐狸？在哪里？"同学好奇地问。

凯拉笑道："跑了，狐狸是朝那边跑的，我们要是快点，说不定还能捉住它呢！"说着，故意朝肖恩相反的那边路面指了指，带着同学们笑着离开了。

第二天，凯拉仍然微笑着像过去一样面对肖恩，仿佛什么也没发生似的，甚至还说，昨夜没跟他跳一曲狐步舞，感到很遗憾，有机会一定得补上。

老师的宽容与爱心深深感动了肖恩，他发誓，这辈子一定得做出一点事来，才对得起老师的一番良苦用心。

十年后，肖恩出名了。但有谁知道，他的书房却始终悬挂着一幅笔法欠佳的画作：在银白色的月光下，一只狐狸惊慌地向前奔跑着，身后留下一串杂乱的足迹，可它扭过头来向后张望，充满泪水的眼中，洋溢出无限的感激，就好像是在别人的帮助下逃过一场劫难。顺着狐狸的视线望去，画的右侧角落里，有迎风飘起的裙角在河边的树下起舞弄清影。

是的，这是一幅感念的作品，正是因为年轻女教师的宽广胸怀，使得肖恩成为一名才华横溢的画家。

最后，轮到了王，他讲了一个听来的故事。说是一个姓陈的学生，偷了老师的钢笔，在十多年后的一个教师节来向老师认错。这位学生事后才知，那支钢笔是老师已故情人留下的唯一纪念物。当时有位老师说要立刻搜查教室里所有的学生。同学们一听全都义愤填膺，为了证明自己的清白，纷纷举手赞成搜查。偷笔的学生害怕极了，可老师摆了摆手，阻止了将要发生的一切，平静地说不想以这种方式得到答案，只希望那个拿走钢笔的孩子能好好地爱护它，认真地使用它。

并且终有一天会明白自己的错误，承认自己的错误。还说，孩子，不用敲门，我的门永远都为你敞开，希望有那么一天，你会走到我的面前，勇敢说出真相。

老师的宽容给了学生一道勇气的阳光，一个成功的未来。这位学生格外爱护这支笔，并让它陪伴自己直到大学毕业，现在特来请求老师接受这份迟来的道歉。

在包容心里引导孩子的行为

如果你是一名女子，有人要当众测量你的腰围，你会怎么想？是不是会恼羞成怒骂对方流氓？

一所小学数学课，体型稍胖的年轻女老师，讲完公分、公尺概念后，让学生们测量桌子、铅笔和手臂的长度。两分钟后，被点名的同学报出答案，都得到表扬，张张小脸兴奋得红红的，嘴巴笑成了一朵朵花。那些没被点到名的学生着急了，有的站起来，有的跳着，有的甚至爬到椅子上，高举着手："老师，快叫我！快叫我！"

量过桌子、铅笔和手臂的长度后，老师说，我们再找找别的东西测量一下。老师的话刚说完，有个一直没得到机会的瘦小男孩站起来："老师，我想测你的腰围。"

同学们顿时静了下来，都转过头或侧过身看着这个瘦男

孩，接着又把目光对着老师。老师低头看了一下自己的腰，然后静静地看着那个学生，笑道："好啊，你来量吧。"

小男孩拿着尺，迅速跑到老师跟前。他用手按住尺的一端，让尺在老师的肚皮上翻着跟头，翻了好几趟，他说出了一个答案："八十七公分。"

"不错，他量得很认真，答案也比较接近。但是，其他同学有没有更好的办法，测得更准确一些？"

话音刚落，一个胖乎乎的女孩站起来说："老师，我有，我用手。"说完，小女孩便朝老师跑去。

老师问："你用手怎么量呢？"

小女孩说："我一掌是十一公分，看有几掌就知道了。"

老师笑了。

小女孩的手在老师的腰上爬，爬了一圈之后，就报出了答案："八十九公分。"

"有没有更好的办法？"笑容在老师的脸上绽放。教室里静悄悄的。很快，前排的一个小孩站起来，"老师，把裤带解下来，我一量就知道了。"

这个办法确实好，小小的孩子能想到真是难能可贵。这时，老师大笑起来，真正的开怀大笑。老师一边笑，一边真的解下了裤腰带。

小同学量出的是九十公分，这当然是最准确的一个答案。

要求公开测量女士的腰围，不能算孩子的过失，但有些女老师可能接受不了。其实，当老师以一颗包容心去对待孩子，并加以引导，就会出现好的效果。这样的课会让孩子铭

记一生，那个敢提出测量老师腰围的孩子，也会因老师的包容而更加自信。

美国著名医药发明家斯蒂文·格伦，小时候很喜欢喝牛奶。有一次他打开冰箱，拿大罐的牛奶，结果没拿稳，把整罐牛奶打翻了。

他害怕地缩在墙角，担心会挨骂。母亲走了过来，并没有生气，而是温和地说："你好厉害，妈妈长这么大，都没有看过这么漂亮的牛奶海洋。你愿意趁我们打扫前，在牛奶海洋里玩一会儿吗？"当然，他这样做了。玩了十分钟后，妈妈和蔼地说："不管怎么说，你把地弄脏了，得打扫干净。我们可以用海棉、拖把或抹布，你喜欢用那种呢？"格伦选择了海棉。母子俩于是挽起衣袖，将厨房打扫得很干净。这时，妈妈又把儿子先前打翻的塑料牛奶罐装满了水，放进冰箱，然后教他怎么拿才不会打翻。长大后，格伦成了一个勇于不断尝试的发明家。

教育专家指出："当一个错误已经发生而覆水难收的时候，发再大的脾气，也是于事无补，而且愤怒可能会造成更多的错误。孩子的情绪和心境好坏与否，是会影响未来的。"

假如我们的父母以不慌不乱、心平气和的态度来面对孩子的过失，就不用去害怕错误。错误只不过是通向未知的大门，而那些未知是科学新知的泉源。即使真的不能从错误里发现什么，我们的孩子也能从中学到一些有价值的态度。

前苏联著名诗人米哈依尔·斯维特洛夫就是一位教育孩子的高手。有一天，他见一家人慌做一团，诗人的母亲正在

打电话给医院请求急救。原来，诗人的小儿子舒拉调皮地喝下半瓶墨水。诗人明白，墨水不至于使人中毒，用不着惊慌，这正是教育舒拉的最好时机。于是他轻松地问："你真的喝了墨水？"舒拉得意地坐在那里，伸出带墨水的舌头，做了个鬼脸。诗人一点不恼，从屋里拿出一叠吸墨水的纸来，对小儿子说："现在没办法了，你只有把这些吸墨水的纸使劲嚼碎吞下去了！"一场虚惊就这样被诗人一句幽默的话冲淡了。此后，舒拉再没有为了出风头而胡闹。

一些男孩有时会故意打破常规，想用异常行为来证明自己的勇敢，以此引起大人的注意。此刻，如果采取硬碰硬的方式，孩子很有可能变得更加强硬，做父母的与其严厉压制，不如适当加以疏导，效果更佳。这就好比"大禹治水"的道理。

皮莱特（John. M. Platt）在其著作的一本讲家庭教育的书《Life in the Family Zoo》里，回忆童年时母亲如何杜绝他玩火柴的瘾头。她把家里一切要点火柴的活儿都留给他干，无论他是津津有味地看书，或在院子里自得其乐，还是在街上和小朋友玩，他母亲都兴致勃勃地把他叫来，要么点炉子，要么点烤箱，要么点蜡烛……当然，母亲总是在一旁看着并指导他。不出两个星期，小皮莱特对点火柴这事儿厌烦得不得了，更别提偷偷去玩它了。

长大以后，皮莱特成了一名家庭教育咨询专家。他曾变通母亲的方法，成功帮助一个十来岁的孩子戒掉了吮手指的毛病。父母不愿看到这么大的孩子还在吮手指头，于是那孩

子就躲起来偷偷地吮。咨询师建议父母与孩子达成协定：每天放学后的二十分钟定为吮手指头时间，孩子可以自由地在任何地方吮手指头，但其他时间就不许了。起初，这孩子一放学就在客厅里迫不及待地吮她的手指头，当着众人的面，她使出吃奶的劲儿，弄得滋滋有声。有一天吮着吮着，一看父母，忽然脸一红，噗哧一声笑了，她父母也笑了。之后，她对吮手指这事儿就没了兴趣。

皮莱特指出，有些事孩子本不该做的，但如果屡禁不止，做父母的就特许他在特定的时间范围内，有父母在场的时候做，时间长了，那事情对孩子就不再有什么神秘的吸引力了。

培养孩子的自信

冬天的冰雪看似在一夜之间融化，但实际上是在很早以前，从最寒冷的那一天起，冰就已经开始融化了，只是没有人注意到。你的失败不就是暂时的寒冷吗？没有一种冰不被阳光融化，自信是融化内心坚冰的阳光，只要你自信，失败就会像冰一样地被阳光融化。

在绝境面前，人们需要处乱不惊、镇定自若以及足够的信心，这样才能发挥所有潜能，把劫难变成机遇，从"心"出发，走向柳暗花明。

没有哪种冰不能被阳光融化

我们常常互相祝福"一帆风顺"，其实仔细想想，人生一帆风顺的时候并不多，倒常常是困境比顺境多，失败比成功多。

一名学生基测落榜，整天浑浑噩噩。

父亲乐观地劝他："孩子，别这样，东方不亮西方亮，人活一世，三十年河东，三十年河西，没有过不去的。你就再考一年吧，哪里的土地不长庄稼？"

送儿子上学那天，一直无言的父亲临别时说："儿子，你肯定行的！"

　　尽管努力了，考试结果并不怎么理想。那天，父子俩坐在河边的一块石头上，父亲抽着烟，儿子满脸心事。

　　看着河面上结得厚厚实实的冰，父亲忽然问："你知道冰什么时候开始融化的？"儿子觉得这种问题太简单了，便脱口而出："天气变暖，气温升高的时候。"父亲笑了，一脸的执着："不，孩子，你错了。冰看似在一夜之间融化，但实际上是在很早以前，从最寒冷的那一天起，冰就已经开始融化了，只是没有人注意到。你的失败不就是暂时的寒冷吗？没有一种冰不被阳光融化，自信是融化你心里坚冰的阳光，只要你自信，失败就会像冰一样地被阳光融化。"夕阳的余晖洒在父子身上，父亲的意思儿子懂了。

　　那年七月，这个学生考取了大学。

　　可见，面对挫折并不可怕，重要的是有没有自信。爱迪生说，自信是成功的第一秘诀。

　　日本著名指挥家小泽征尔有一次去欧洲参加指挥大赛，被安排在最后一个出场。

　　评审交给他一张乐谱，正演奏中，小泽征尔突然发现乐曲中出现不和谐的地方。

　　他以为是演奏家们错了，就要乐团停下来重奏一次，但仍觉得不自然。

　　这时，在场的权威人士都郑重声明乐谱没问题。

　　面对几百名国际古典乐权威，他不免对自己的判断有些动摇。

　　但是，考虑再三之后，小泽征尔坚信自己的判断是正确

的，于是他大声说道："不，一定是乐谱错了！"

他的喊声一落，评审立即报以热烈的掌声，祝贺他夺魁。

原来，这是评审精心设计的"圈套"，以试探指挥家们在发现了错误而权威人士又不承认的情况下，是否能够坚信自己的判断。

很多时候，人们与成功无缘，只是因为他们容易被环境左右，惯于附和权威，缺乏主见。小泽征尔的成功，就在于面对权威，他仍坚信自己的判断。成功学大师们指出，自信和坚持是成功者必备的素质。当然，在真理面前，在原则问题上，人们不应当盲目地固执，但只要我们相信自己是正确的，就一定要有坚持的毅力和勇气，哪怕面对权威，也要像小泽征尔一样，决不屈尊而失去自我。

自信的人并非不会犯错误，但是他们勇于正视错误，并以此为借鉴，更进一步。

大陆著名文学家、史学家郭沫若，从小就是一个充满自信的人。有一次，他和几个同伴到寺庙里偷桃子吃。私塾先生查问是谁偷吃了桃子，没人承认。一气之下，他写了一副对子，上联是："昨日偷桃钻狗洞，不知是谁？"郭沫若笑了笑，随口对了下联："他年攀桂步蟾宫，必定有我！"他不无诙谐地回答了先生，昨日偷桃吃的是自己，承认了错误，同时也自信地认为，将来有所作为的也是自己。

身处绝境也能从"心"出发

如果说人生有绝境，行到山穷水尽处，只要坚定信念，不妄自菲薄，从"心"出发，就能愈挫愈勇，赢得光明的未来。

美国的吉姆·史都瓦自幼患"少年黄斑变性"，十七岁时被医生断言"视力将逐渐消失，终至失明"。

后来，吉姆凭借坚强的毅力，进入欧若·罗伯特乔大学就读。

遗憾的是，当时他只剩下一点点视力。为了赶上老师讲课的进度，就每天熬夜到半夜三四点，可是这对只剩下一点视力，而且视力还在快速流失中的吉姆来说，真是太痛苦了。

因此，吉姆在上了十天课后，就决定放弃大学新鲜的生活，休学回家。

离校前，吉姆去看望给他上了两次课的教授保罗博士。保罗博士说："你内心深处有无穷的潜力，有一天，当你回首看时就会知道，这绝对是真的。"

休学以后，吉姆到一个建筑工地当工人，负责铲混凝土。因这是"剩下微弱视力"的他唯一能做的事。

一个阴冷、刮着强风的冬晨，吉姆站在壕沟里，用水桶

不住地将积水往外舀。心想，天气转晴，就可以开始将混凝土倒进沟里了。

吉姆的手又湿又凉，浑身冻得打颤，饥寒交迫。

此时，工地的门突然打开，一个老工人走过来，劝吉姆道："我们刚才讨论过了，希望你离开这里！"

"啊，为什么？"吉姆先是吃了一大惊，接着，难过地问："我做错了什么吗？"

"你并没做错什么。我们都知道，你非常努力，但是吉姆，你可知道，我们来这里是因为我们没有一技之长，也没地方可去。你跟我们不一样，如果你不离开这里，有一天，也会无路可走。"老工人停了一下，又说："吉姆，你该有更大的成就，所以我们决定让你离开这里，你一生不应该只待在这工地上！"

老工人这席话深深地震撼了吉姆，他想："是的，我难道只能一辈子当铲土工人吗？"

他的心被敲醒了。含着泪水，谢过工地里的工人，离开了建筑工地。他兴奋地打电话给保罗博士："我决定复学，我要重回学校读书！"

后来，吉姆发奋图强，以"心理学"和"社会学"双学位从大学毕业，并获学校最高荣誉奖。二十九岁时吉姆双目失明，但他因发明了帮助视障朋友"看"电视的方法而获得美国最高荣誉奖——"艾美奖"和美国"十大杰出青年杰西奖"。目前，他是"教育电视网"的创办人，该电视台在北美有一千多家有线系统加入，收视家庭高达两千五百多万户。

在绝境面前，人们需要处乱不惊、镇定自若以及足够的信心，这样才能激发所有潜能，把劫难变成机遇，从"心"出发，走向柳暗花明。

有一位作家，在股票交易中损失惨重，一下子跌进贫穷的深渊，从锦衣玉食到潦倒寒酸，但他并没有泄气。

他开始节衣缩食，勤奋写作，期望能依靠赚取的稿费偿还债务。朋友们为了帮助他渡过难关，组织募捐，许多人纷纷解囊，一些大公司、大财团更是不惜巨资想雇用他写广告词……他一一拒绝这些难得的机会，把自己关在书房里，一个月，两月，一年，两年，日复一日，年复一年，他坚定一个信念，随着他一本接一本的新书问世，他很快就偿还了所有债务，过起自己的新生活。这位作家就是享誉世界的马克·吐温。

俗话说："大难过后，必有大福。"如果一个人在大灾大难中挺得下去，他就能走得出来。《蓝色狂想曲》是美国作曲家乔治·盖希文的第一部交响乐作品，你知道它是如何诞生的吗？一句话，逼出来的。

有一天，一位爵士乐团指挥请盖希文写一部"庄严的作品"，写惯了通俗音乐的盖希文说自己对交响乐"一窍不通"，难于完成。

无奈之中，那位乐团指挥想出一条妙计。他在报纸上发布了一则消息，说三周后在音乐厅上演盖希文的交响乐作品。

格什温哭笑不得，对方太过荒唐，居然想用这种办法逼他就范，如果三周后拿不出像样的交响乐作品，他将声誉扫

地，可交响乐之于他，从未有过涉猎。

最后，毫无办法，他只好硬着头皮埋头苦干。令人惊讶的是，两个星期后，格什温的一部惊世之作——《蓝色狂想曲》问世了。首场演出获得巨大成功，这首名曲奠定了格什温在乐坛上的地位。

世上无奇不有，当你感觉到在劫难逃时，也许就是一个新生的机遇。在悬崖峭壁前，有的人看到的是绝路，有的人却看到了一架梯子。盖希文属于后者，一架他不喜欢的梯子，结果让他达到了应有的高度。

帮孩子树立信心的几条经验

父母怎样帮孩子树立起自信心，我有几条经验和大家分享。

一、相信孩子总有优秀处，善于发现"闪光点"

浙江温州一位初中老师按照学校《成功教育和人的发展》实验计划，举办了一次"让青春闪光"的主题班会，让孩子写一篇周记，说说自己身上的"闪光之处"。然而孩子们交上来的周记里，竟是"不足"多于"优点"，并且约有三分之一的孩子找不到优点。

　　孩子们为什么找不出自己的优点呢？只要将中西教育一比较，就能知其所以然。

　　西方的家长普遍以为，我的孩子不会是处处第一，但总有优秀突出的地方；而在中国，家长们对孩子总是苛求十全十美，不能因为任何事情做好了而骄傲，要继续找缺点不足以改进。

　　可见，正是个性长期遭到禁锢，孩子才发现不了自己的"闪光点"。

　　著名作家刘墉在其著作《跨一步，就成功》的前言《发现你的天才点》中说，母亲骂儿子记忆差，老忘英文单词。然而，这孩子爱看电视，对黄瓜（cucumber）和小老婆（concubine）、前列腺（prostate）和妓女（prostiute）等类似的单词，听人说一遍就记得一清二楚。母亲认为孩子不记正事，专记那些邪奇的事。其实，这孩子的记忆属于"图像式"，或者需要在特殊情况下，比如说点特别的笑话，甚至有点"颜色"的时候，就立刻记得。也就是说只要让孩子感兴趣的，他就记得。对于这样的孩子，爱看电视就让他看，但是要放DVD，用英文字幕，而且给他一个生字本，每次规定记下十五个新的单词。可见，被认为是"笨"小孩的，也有"闪光点"。刘墉说得好："有多少钻石、多少水晶、多少润玉，被误看作砂石，没能闪亮一生。"

　　一般孩子长到两岁以后，动作、言语都有了一定程度的发展，自我意识萌芽，会有自己的一些独特想法。家长应利用孩子的这种自我认识和愿望，善于引导，给予援助，满足

他们正当的独特需求。

另外，孩子是在活动中获得发展的，家长要为孩子提供活动和表现能力的机会与条件，放手让孩子进行各种活动，让他们感到自己是有能力的，可以从自己的身上，而不仅仅是从别人的赞赏中获得自信。在活动与竞争中，要引导孩子建立良好的同伴关系，促进其自我肯定，树立自信心。因为能否受到同伴和集体的尊重，是影响孩子自我肯定的一个关键因素。

二、相信孩子行，让孩子做一些事

孩子往往具有巨大的学习能力和发展潜力，这早已被现代科学证实。作为家长，不要一味逼迫孩子，你要相信孩子一定是愿意积极向上的。不要因为他们小而代替他们做所有的事，导致他们缺乏责任感，最终难以建立自信。从孩子年龄大小、能力强弱出发，有意识地让他们承担责任，让他们自己吃饭，自己穿衣，自己铺床叠被，自己收拾书包等等。让孩子参与家里的事，比如家里的假日活动计划，经济开支计划，愿意采纳他们的合理意见。这些事情不仅加强锻炼了他们的动手能力，而且能够使他们获得自信。

三、不是逼迫孩子，而要鼓励孩子

当孩子"爬坡时"，不要给任何压力，而是在一旁赞赏其走过的路程，帮他"数脚印"。是的，那些整天"逼着、推着、压着、吵着、骂着"孩子学习的父母，正是对孩子缺少

信心。

2000 年，北京四中的王海翔，入选清华大学国际 MBA。清华的 MBA 分为普通班和国际班。国际班对学生的英语水平要求甚高，可是海翔的口语不好。他的母亲主动为他"减压"，劝儿子上普通班，但海翔硬下苦功，第一学年考试就得优秀，还拿到了光华奖学金。

当然，自信的人并不是没有压力，只是父母不要雪上加霜，面对压力，让孩子心中有数，"知己知彼"，针对问题，"对症下药"。孩子要是失败了，父母也应悦纳，赞赏孩子"敢闯、敢试、敢冒险"的创新精神和创新能力，同时分析不成功的原因，再鼓励让孩子跨越这一障碍。孩子一旦取得成功，就会特别自豪。

四、让孩子"今天比昨天强"，而不是"我比别人强"

家长望子成龙的心态可以理解，但是把自己的孩子与别人的孩子处处攀比起来，实在要不得，尤其是以自己孩子的弱点与别人孩子的长处相比，比掉的恰恰是孩子的自尊心和自信心。要求自己的孩子处处强于别人是非常不实际的。

其实，自信心的树立，不在于和别人比较，而在于把现在的自己和过去的自己比较。

爱因斯坦小学的时候，有一次上完劳作课，没有交出作品，而同学们全部都交了。第二天，他才迟迟送来一只做得很粗陋的小板凳。老师很不满意："我想，世界上不会有比这更糟糕的小板凳了……"爱因斯坦坦然回答："有

的。"他又拿出两只小板凳，举起一只小板凳说："这是我第一次做的。"又举起另一只说："这是我第二次做的……刚才交的是我第三次做的。虽然不能使人满意，但总比这两只强一些。"

爱因斯坦的自信就是在和自己的比较中树立起来的。美国作家威廉·福克纳说过："不要竭尽全力去和你的同僚竞争，你应该在乎的是，你要比现在的自己强。"

五、正确评价孩子，帮孩子树立正确的目标

在孩子懂事后，开始认识自己，在意别人，尤其是家长老师对他的评价。如果常常得到赞美、表扬和肯定，他自然认为自己是个有能力的人，会变得积极、果敢，情绪稳定，富于自信。而一个相信自己的人，就没有克服不了的困难。

当然，家长所确立的发展标准要适当，将孩子的自身能力和兴趣爱好考虑进去，一味高标准，只会让孩子越走越远。有些做家长的教育孩子时总想一步到位，急于求成，忽视了孩子的发展是一个渐进的曲折过程。标准过高，孩子达不到而屡遭失败，萌生一再失败的挫折感，积累"我不行"的消极体验，容易使孩子丧失自信心。

六、让孩子坚定信念，"再坚持一下"

"再坚持一下"，是区分"我行"和"我不行"的标志，是一个人对自己的事业所展现的坚定信念。毛泽东说过："成功往往在于坚持一下的努力之中。"

　　著名影星英格丽·褒曼曾荣获三次奥斯卡大奖。说起她的成功史，还得从 1933 年开始。那年她十八岁，去参加皇家戏剧学院的招生考试。

　　为了在激烈的竞争中脱颖而出，褒曼事前做了精心的准备，她表演的剧中有这样一个情节：有位年轻人与恋人在闹市见面，年轻人生来很风趣，本想捉弄一下自己心爱的姑娘，谁知姑娘比年轻人更大胆，反而打情骂俏地逗弄年轻人。这天，参加考试的人很多，等了好长时间，终于轮到褒曼上台表演。本来这个小品开场时，姑娘应发现年轻人在面前，然后迅速跑到他后面蒙住了他的眼睛。可现在扮演年轻人的演员站错了方向，面对着褒曼上台的方向站着。褒曼上场见他站错，可已来不及更正了，干脆从侧面幕里一下就冲向了舞台中央，再腾空一跃，站在台口，双手叉腰，"咯咯咯"地娇笑不已。

　　这个别出心裁的创意，一下子震住了全场考官，开始相互交头接耳，饶有兴致地谈论起来。此时，她眼睛的余光发现评审只顾聊天，比划着什么，似乎根本没在意她，褒曼心下一颤，忘记了后面的台词，主审打断的话更是犹如晴天霹雳。主审说，"停下来吧，谢谢你，请下一位！"

　　这短暂的 30 秒就断送了她的美好前程！褒曼突然觉得眼不能观，耳不能闻，她只想投河算了，一了百了。然而等她走到河边，她犹豫了。她的一生还没开始，就要丧命于这污秽的河水里吗？

　　后来她遇到当时的其中一位评审，她好奇追问，"你们

不喜欢我吗？你们那天的表现几乎害死我……"评审听完惊诧道，"亲爱的小姐，你一出来，站在中央对我们笑，说着第一句台词的时候，我们就讨论这位小姐光彩夺目，不用浪费时间了，后面还有那么多考生呢"。褒曼怎么也想不到是这个答案。

后来，每当谈起自己的成功经验时，她都会说："在决定放弃自己的关键时刻，我犹豫了一会儿。"

七、跌倒不哭，爬起来会见另一种成功

苏轼一开始渴求在政治上争取功名，可是大宋朝却让他在官场上栽了个大跟头。就在他极尽卑屈，所有朋友都不敢见他的时候，却在江边写出最美丽的诗句。他本朝廷大员，只因政治因素，致使亲友疏远。只有马梦得，不怕被他牵连，帮苏轼夫妇找到一块荒废的营地使用，苏轼开始在这块地里种田写诗，始号东坡。是的，就在苏轼变成苏东坡以后，他的生命开始有了另外一种包容，有了另外一种力量，让他在落难的时候写出了"大江东去，浪淘尽"，这样动人的诗句。他过去追求在政治上出人头地，以名垂青史，可是后来不断被下放，反而让他在中国文学史上建立了一段光明磊落的生命情怀。

歌德本来要追求一位姑娘，一年后，人没追到，手上却多了另外一部令拿破仑读过七遍的作品——《少年维特的烦恼》。

伦琴在实验室里呆了6年，初衷是寻找晶体光谱，结果

光谱没找到，却意外地发现了 X 射线。

总之，造物主从不让伟大的追求者空手而归，即使他最后没有得到梦寐以求的东西，它也要给点"副产品"，作为对追求者的奖赏。世间的任何事物，只要人们执着地追求，就可能发现目标背后都隐藏着副产品。千万别小看副产品的价值，有时甚至远远超过梦想的主产品价值。对于那些正在为梦想奋斗的人，就算是遇到了挫折和打击，也千万不要停下你的脚步，因为，意外的惊喜也许在不远的明天就会出现。

八、能者为师，向孩子学习

父母如果能放下架子，会发现孩子可能比自己强。

一位母亲过五十岁生日，儿子送她一件礼物——学习录音。

"专心，别分神！"

"自然点儿，就像平常说话一样……"

"不行，你感冒了，鼻音太重。妈，你需要重新录……"

面对计算机，母亲简直是个小学生，儿子却俨然是一位严格而耐心的老师。

几年前，妈妈还可以做孩子的老师，可现在，儿子利用知识的优势以及所享有的信息技能，使母亲不得不对他刮目相看，老老实实拜儿子为师。

是的，在某些方面，孩子确实比我们懂得多。

再比如，一件新的电器买回家，我们手忙脚乱，不知所措，而孩子几分钟就能让功能多得令人眼花缭乱的电器听从

他们的指挥，并教我们如何使用；上街时，你在那里不知如何是好地挑来选去，孩子会马上告诉你，哪种式样的衣服最流行，哪种已经过时，让你不得不听他的。

　　能够做父母的老师，让父母听自己的，这是多么神气的事情！孩子自然会从心里发出"我行"的正面信息。

第三章

教孩子学会做人处世

让孩子学会谦虚做人

这个世界上没有谁是全才。身为家长与老师，应当经常提醒孩子的是，这世界上还有很多你不懂的东西。

佛陀经常告诫弟子们，尽管自己智慧圆融，也应该含蓄谦虚，一个人如果自高自大，就会当众出丑。

想想看，你要是总当着别人炫耀自己，虽然你能得意一时，可小伙伴们都离开了你，你还能再向谁炫耀自己呢？你可以炫耀自己，但你不能伤害别人的自尊，而是应该感谢小伙伴们才对。孩子，记住，你炫耀获得的满足是建立在"观众"的基础之上。

承认自己有长也有短

罗伯特是个聪明好学的孩子，一次，他在班上朗读课文得到老师的表扬，不由得沾沾自喜。回来后跟家中的帮佣吹牛："看看你能不能念这个，我倒是会念的。"

这位善良的妇女拿起课本来，仔细地看了一遍，然后叹了一口气说："唉，罗伯特，我不知道怎么念。"

一听这话，罗伯特更是得意忘形，兴奋地冲进客厅，骄傲地喊道："爸爸，她不会读书，可是我只有八岁，就被老师夸。她都那么大了却连书都不会念，我不知道她有什么感觉。"

爸爸听了儿子的话，走到书架旁，拿了一本书，递给他说："她的感觉就像这样。"

那本书是用拉丁文字写的，罗伯特大字不识一个。他羞得满脸通红。这次教训让他终生难忘。从此以后，只要想在人前自吹自擂，他就马上提醒自己："记住,你不会念拉丁文。"

这个世界上没有谁是全才。身为家长与老师，应当经常提醒孩子的是，这世界上还有很多他不懂的东西。

当约翰·亚当斯接替华盛顿就任总统时，美国正面临着与法国关系破裂的危险。到了1797年底，两国处于剑拔弩张、一触即发的交战前夕。

怎样才能打胜仗呢？亚当斯完全明白，必须要有得力的统帅指挥。当时，很多人都劝他亲自率军队，但他认为自己并不具有军事上的特别才能。思来想去，他觉得，只有华盛顿才是唯一能够唤起美国军魂、团结全美人民的统帅。最后，他决定必须把华盛顿请出来。

亚当斯的亲信们闻讯后，一致表示反对。他们认为，如果华盛顿复出，会再次唤起人民对他的崇敬和留念，这会动摇亚当斯的威望和地位。

打仗取胜，没有杰出的统帅是万万不行的。亚当斯铁定了自己的主意，认为国家的利益和命运高于一切。他授权汉尼尔顿立即给华盛顿写了一封信，请求华盛顿再次担当大陆军总司令，指挥美军打败入侵者。

为了深表对华盛顿的尊重和请他出马的诚意，亚当斯又亲自给华盛顿写了封信。信中诚恳地写到："当我想到万不得已而要组织一支军队时，我就把握不准到底是该起用老一辈将领，还是起用一批新人，为此我不得不随时要向您求教。如果您允许，我们必须借用您的大名去动员民众，因为您的名字要胜过一支军队。"

华盛顿接到信后很受感动，表示愿意立刻肩负重任。

幸运的是，就在华盛顿准备率军出征的前夕，亚当斯已经透过外交斡旋的途径与法国达成和解。

亚当斯写信请华盛顿担任统帅的事被美国人民传为佳话，而亚当斯的正直与豁达也被世人称赞。

后来，有位著名的记者问亚当斯总统："您为什么不怕华盛顿复出会再次唤起人民对他的崇敬和留恋，进而威胁您的威望和地位？为什么敢于任用比自己更优秀的人？"

亚当斯微微一笑，并没有直接回答，转而说起自己少年时的一件往事。

他那时年幼，父亲要他学无聊的拉丁文，他厌恶痛恨极了，他直接拒绝了父亲，要求换一个事情来做。

父亲也很轻易地答应了他，让他去挖水沟，他们的牧场正好需要一条灌溉渠。他便真的跑到牧场去开挖了。可是，

他这拿惯了笔的孩子怎么拿起那把笨重的铁锹呢。那晚，他疲惫不堪地回去，又满身傲气不愿认错，第二天咬牙再坚持了一天。傍晚时，他实在受不了，乖乖回去学他的拉丁文。

从此以后，亚当斯一直记着从挖水沟这件事得到的教训："一个人必须承认人有所长，也有所短；人有所能，也有所不能。认为自己样样都行，恰恰是自己的不自量力。"

别人的长处往往能弥补自己的不足。亚当斯正是凭借知人善任，把众多的优秀人才聚在身边，特别是凭借那些比自己更优秀的人才，为美国的独立立下汗马功劳。

得意的人会当众出丑

《说文解字》上说："谦，敬也。"《易·谦》说："谦。亨，君子有终。"就是说，谦虚的美德能让人做事一帆风顺，而只有君子才能始终保持谦虚的美德。佛陀经常告诫弟子们，尽管自己智慧圆融，也应该含蓄谦虚，正如麦穗，颗粒愈饱满垂得愈低。谦虚的最高境是无我，一个人如果能够如此谦虚，能够缩小自己、放大心胸、包容一切、尊重别人，别人也一定会尊重你、接纳你。相反，一个人如果自高自大，就会当众出丑。

有这么一个寓言故事。

鹰在天空中高高翱翔，群鸟赞叹欣羡。只有麻雀不这样想，心里义愤难当，怒斥鹰那是轻浮，是在炫耀！继而告诉群鸟，它总是低低地飞着，它的谦逊才应当被大家赞赏表扬。

百灵鸟听后哂笑道，"就算你低低地飞是一种伟大的谦逊，那麻烦你去施展下你的本领把云端的鹰叫下来吧！"

著名女作家维奥斯特终身难忘她二十一岁的生日，维奥斯特曾这样描述她那天的情形。

父亲送她的生日礼物就是带她去纽约玩。她盛装踏上旅途，觉得自己看起来非常漂亮。途中，她到洗手间里又照了半天镜子，得意得不能自已。

等她从洗手间出来，所有人都在看她。她心中窃喜，"我那么漂亮，引人注目理所当然"。接着她款款走向父亲时，听见自己身后有噗噗的声响跟随。她回头，只见一卷卫生纸像小尾巴那样跟着她滚了下来。

她说，"从那天起，每当我自觉不可一世的时候，我总回头看看后面有没有--卷卫生纸"。

二十世纪，美国有一位名叫布思·塔金顿的著名小说家和剧作家，他的作品《伟大的安伯森斯》和《艾丽斯·亚当斯》均获得普利策奖。在塔金顿声名最盛时，他经常向人们讲述亲身经历的一个故事。

那是在一个红十字会举办的艺术家作品展览会上，塔金顿以特邀的贵宾身份参加了展览会。

当时，有两个可爱的小姑娘，看上去约莫十六七岁，她们兴高采烈地来到他面前，向他索要签名，态度是那么地虔

诚。

"我没带钢笔，用铅笔可以吗？"塔金顿其实知道她们不会拒绝，只是想借此表现一下一个著名作家谦和对待普通读者的大家风范。

"当然可以。"小女孩们很爽快地答应了。显然，能够得到著名作家的签名，她们一点都不介意，而且还尤为兴奋。

见她们无比兴奋，塔金顿也备感欣慰。

这时，一个小姑娘将她非常精致的笔记本双手递了上来，塔金顿拿出铅笔，潇洒自如地写上了几句鼓励的话语，并签上自己的名字。

小姑娘看过塔金顿的签名后，眉头皱了起来，她仔细看了看他，问道："你不是罗伯特·查波斯啊？"

"对"，塔金顿非常自负地说，"我是布思·塔金顿，《艾丽斯·亚当斯》的作者，两次普利策奖获得者。"

闻听此言，小姑娘把头转向另外一个姑娘，耸耸肩说道："玛丽，把你的橡皮借我用一下。"

就在此时此刻，塔金顿所有的自负和骄傲像落在地上的玻璃，一眨眼就支离破碎。

从此以后，塔金顿常常告诫自己："无论自己多么出色，都别太把自己当回事。"

黑格尔年幼时就是一个聪明的孩子。一个阳光灿烂的日子，黑格尔与父亲一起在林中散步。

他们来到一个僻静的地方，父亲问黑格尔："除了小鸟的叫声以外，你还听到了什么声音？"

"爸爸，我听到了马车的声音。"黑格尔自信地答道。

"对，是一辆马车，而且还是一辆空马车。"父亲说。

黑格尔觉得奇怪，就问父亲："爸爸又没看到马车，怎么知道它是一辆空马车？"

"根据声音呀。"顿了顿，父亲意味深长地说，"马车越空，杂声就越大。"

就这么一句看似平淡无奇的话，让黑格尔铭记一生，做人切不可做"空马车"，妄自尊大，目空一切，而要虚怀若谷，远离平庸。

炫耀的快乐是观众给的

两个小伙伴吵架，甲大骂对方是笨蛋，乙也很生气地回骂甲是大笨蛋："上次考试我得了第一名，你是第十九名，你才是真正的大笨蛋！"乙不由得马上红了脸，站在那里不动。

就在这时，甲的父亲走过来，严肃地批评儿子不该骂人，并要求他当场向小伙伴道歉。

一次，甲的父亲出差回来，为儿子带了件礼物，原来是几本连环漫画书，这可把甲乐坏了！父亲笑眯眯地对儿子说："还不快去操场，在小伙伴们面前炫耀一下？"甲迅速跑出门。

晚上回来后，父亲问儿子："怎么样？伙伴们是不是很

羡慕？"儿子得意地说："那当然啦，这些书他们都没有看过！"父亲笑道："看来，你真像得了宝贝似的，不过，还有更好的东西给你呢！"

儿子着急地问："真的吗？是什么东西？"

父亲说："等天黑后再告诉你。"

没办法，儿子只得盼望天快黑。夜幕终于降临，父亲把那东西拿了出来，原来是一辆玩具车，手一按钮，车子呜呜呜的跑，还伴有闪闪的彩灯！

见儿子一副神气的样子，父亲笑着说："现在你再去操场向大家炫耀一下，怎么样？"

儿子吃惊地说："天黑了，那里没有人呀！"

父亲说："管他有没有人，只要你一个人去操场上炫耀一下就行了！"

儿子摇摇头说："爸爸，你怎么啦？一个人炫耀有什么意思！"

这时，父亲说出了心里话："孩子呀，白天你拿着漫画书，能在小伙伴们面前炫耀自己，到了晚上，你的玩具车就无法炫耀了。"说到这儿，父亲话锋一转："我见你与小伙伴吵架，你以第一名的成绩显示自己比他强，伤害了人家的自尊。想想看，你要是总当着别人炫耀自己，虽然能得意一时，可小伙伴们一旦都离开了你，你还能再向谁炫耀自己呢？你可以炫耀自己，但你不能伤害别人的自尊，而是应该感谢小伙伴们才对。孩子，记住，你炫耀获得的满足是建立在'观众'的基础之上。"

做人当内省

曾有孩子这样问父母："人的眼睛为什么不对着长，这样的话，两只眼睛对看，就能够看到自己的样子，不必担心牙齿上有菜屑，以及嘴角的饭屑？"

这个问题很有意思，因为不少动物的眼睛是长在两边，看到的范围比较广；而人就看不到自己背后的事物，被人从身后袭击都不知道。大教育家孔子一语道出真谛："人苦于不自知。"这并不是说我们的眼睛不够雪亮，其实人的眼睛"明察秋毫"，遗憾的是"只见树木，不见森林"，看得见别人脸上的麻子，看不见自己脸上的痘痘。

幸运的是，人类发明了镜子。古人说："以铜为鉴，可以正衣冠；以人为鉴，可以明得失。"但镜子出现以后，人类还是没有自知之明。心理学家曾做过这样一个有趣的实验，用镜子来测试婴儿知不知道什么叫自我。

他们先把一面镜子放在婴儿面前，十天之后，将镜子取走，在婴儿额头上点一个无臭无味的红点。当镜子还没放到婴儿跟前，他并不会用手去摸额头，但是当镜子放到面前后，他一看到镜子中的"身影"，便立刻用手去摸额头，这说明他明白镜中的是自己，而且知道自己原来是没有红点的。

如果省略第一步，没有让婴儿先接触到镜子，他后来虽然看到镜中的自己头上有红点，但不会用手去摸，因为没有以前的自我可作比较，就无从判断。

这个实验说明什么呢？当一个人不晓得自己原来是什么样时，就只会顺其自然。但在照过镜子，知道自己是什么样子以后，一有非自身的改变便立刻发觉，而且这个觉察出现后是不可逆转的，已经知道便无法再假装不知道，他会在镜子前面一直看。可见，一个人拥有自知是非常重要的。

大哲学家苏格拉底说，一个没有内省的生命是没有意义的。内省是了解自己做了什么的基础，它协助我们洞悉了解自己真正的意图。柏拉图更进一步说，做人当内省，没有内省能力的人不配做人，人只有透过自我内省才能实现美德与道德。

让孩子学会包容他人

包容的结局是多么美好，不但对他人有利，其实更有利的仍是自己！是的，这就是宽容的处世之道。

仇恨在你的身上燃烧多久，就会把你和你恨的人绑在一起多久，那

个人的一举一动都成了你的障碍、你的束缚。因此，别以为宣泄仇恨和不屑的同时，可以撇清自己，其实，在恶语出口的那一刹那，被玷污的首先是自己。

不懂宽恕就会失去朋友

包容是一种美德，大度的包容让人们终生难忘。

那是 1939 年，托尼·希勒曼第一次打工时发生的事。当时他还是一个小孩，在农场做工。

一天，在马路那头大约一英里的老佃农英格拉姆先生敲响了他的门。

当时正值农忙时节，这位老实的佃农想找人帮自己收割一块苜蓿地。

每天一大早，希勒曼就和英格拉姆先生一起来到地里收割苜蓿。中午天热起来了，一老一少就在一旁的西瓜地里挑一个西瓜来消暑解乏，英格拉姆先生的西瓜可是远近闻名的。

一天清晨，希特勒来到苜蓿地，被眼前的景象气坏了。只见一辆车停在苜蓿田正中，周围的苜蓿被它轧得乱七八糟，不仅如此，另外一边西瓜地里的瓜藤也被扯得七零八落。

很明显，有人夜晚开车来偷瓜，因为天黑，又不熟悉苜蓿地，汽车在地里开不出去了，车主折腾到天亮只能弃车而逃。

英格拉姆先生是一个很有阅历的老农，他很有把握地预言车主很快就会再回来。

果然没过多久，一个在当地因打架和偷窃而臭名昭著的家伙带着他的两个体格粗壮的儿子出现了。他们看起来非常恼怒，像三头发怒的公牛。

而英格拉姆先生用平静的口吻说道："哎，我想你们是来买这些西瓜的吧？"

那男子沉默了很久："嗯，我想是的，你要多少钱？"

"二十五美分一个。"

"好吧，你先帮我把车弄出来再说，我看这价格还不错。"

等他们走后，英格拉姆先生笑着对希勒曼说："记住，你如果不宽恕敌人，就会失去朋友。"

正是凭借此心胸，希勒曼后来结识了许多朋友，并在他们的帮助下，成为一名深受世人敬仰的作家，并且获得了"美国侦探小说大师"的美誉。

是的，这就是宽容。它甚至有点简单。它明亮，它是阳光，谁能拒绝阳光呢？这成了他们那个夏天里最大的一笔买卖，而且还避免了一场暴力事件。包容的结局是多么美好，不但对他人有利，其实更有利的仍是自己！是的，这就是宽容的处世之道。

在现代社会里，针锋相对不如以柔克刚。

针锋相对只能带来两败俱伤，哪怕身体无损，到底心情也会受伤。可悲的是，这样的针锋相对常常被人们认为"有个性"、"有脾气"，在追求个性的时代仿佛特别吃香，八匹马拉不住的脾气反而大受欢迎，孩子争相模仿，随心所欲。事实上，这样硬碰硬对解决问题，化解矛盾一点好处都没有。须知，以柔克刚的巧力往往能够达到出人意料的效果。

对他人要有包容心

　　在 1992 年的印度，有这样一位全身三度烧伤的父亲，住进了德里的一家医院，儿子前往照料。那几天父亲一直处于危险期，全身从脖子包扎到脚趾。这家医院蟑螂横行，卫生

很差。由于人手紧缺，烧伤病房的护士们工作非常辛苦。一天早上，儿子发现输血瓶空了，空气可能进入父亲的血管，请值班护士更换，可她却粗鲁地叫他自己去做。在父亲随时可能离开人世的恐惧中，受到护士这样的无理对待，儿子痛苦万分，变得十分暴躁。当护士终于走过来时，父亲睁开眼睛喃喃地问她："你怎么还不下班回家呀？"

一个在病榻上濒临死亡的老人，关心的不是自己的病情，而是劳累过度的护士。儿子对父亲的克己感到震惊，原来对他人的关心和包容是没有止境的。

生活中，大凡父母都非常关心和包容孩子，可许多孩子却不懂得做人应当有包容心。

一位父亲和他读大学的儿子在院子里散步。

父子俩来到一棵大树下，父亲指着树枝上一只鸟问："孩子，那是什么？"

"一只乌鸦。"

"什么？"父亲又问。

"乌鸦。"

"你说那是什么？"父亲仿佛怎么都听不清。

"那是一只乌鸦。"儿子放大音量。

父亲仍然追问。

儿子开始用怒吼的语气回答父亲了。

然后父亲不说话了，儿子满意了。父亲默默走回房，几分钟之后，他拿着一本旧笔记本出来，递给儿子。这里记载了父亲教养儿子的点点滴滴。

翻到 25 年前的一页，父亲大声念起来，"今天，我带着乖儿子到院子里走了走。我俩坐下后，儿子看见树上停着一只鸟，问我：'爸爸，那是什么呀？'我告诉他，那是只乌鸦。过了一会儿，儿子又问我那是什么，我说那是只乌鸦……"

"儿子反复地问那只鸟的名字，一共问了 26 次，每次我都耐心地重复一遍。很高兴能有这样的机会，我知道儿子很好奇，希望他能记住那只鸟的名字。"

父亲念完，儿子又羞愧又感动，"爸爸，我又懂了一个道理。您原谅我吧"。

父子相拥，父亲满是皱纹的脸上扬起一个慈爱的微笑。

与此类似，还有这样一位父亲，他吩咐年轻的儿子到商店买东西。儿子回来后，满脸的不高兴。

父亲便问他："到底发生了什么事，你这么生气？"

"我在街上走的时候，路人都看着我，还嘲笑我。"

"为什么呢？"

"他们笑我个子矮。他们又哪里知道，我个儿虽不高，但心胸广大。"儿子气呼呼地说。

听完儿子的话，父亲什么也没有说，只是拿着一个脸盆与儿子来到附近的海滩。父亲先把脸盆盛满水，然后往脸盆里丢了一颗小石头，脸盆里的水溅了出来。接着，他把一块大一些的石头扔到前方的海里，大海没有任何反应。

"你不是心胸广大么？可是你看，人家说你几句，你气性便这样大，就如同这个被丢进了石头的脸盆，水花四溅。"

孩子们很容易单从自己的角度去考虑问题，身为家长应

及时纠正。

我曾听说过这么一件事。父亲对上高中的儿子王平说："那天碰到你初中的班主任赵老师……"

"别跟我提她！在我的初中老师中，她是最小肚鸡肠的，把我害得好惨……"提起那位老师，王平恨得直咬牙。

父亲笑道："要我说，你们真是半斤八两，好老师当然不会让一个学生恨到这种地步，可一个肚里能撑船的高徒又怎能因愚师而积此深怨呢？"

事情是这样的，赵老师说王平是个人英雄主义，从来就不把老师放在眼里；王平则认为自己没把她放在眼里，是因为她不够聪明……记得在全校公开课上王平故意提问：什么是有色金属？结果弄得赵老师当众出丑；而面对一个狂妄骄傲的学生，赵老师当着全班同学的面喝斥：你是不是觉得你聪明得连课都可以不听了？当时，王平的任何一个失误，都是她的胜利；她的任何一个疏忽，都是王平的把柄。这样的事情硬是直到王平初中毕业才结束。

不过赵老师有句话倒是让王平记忆犹新。那次，王平在课堂上指责老师读错了，老师生气地说："全国只有一个地方，你读了错字不会被嘲笑，那就是台大。"如今想来真如醍醐灌顶，他由此领悟到了什么是清醒和谦卑：一个人真正有学问，自然明白，无论自己多么渊博，这个世界上一定有自己不懂的知识。真正有实力，便不需要靠鄙薄别人来抬高自己，正如真正高贵的人始终谦逊地对待每一个人。而当他们遭遇别人的鄙薄，不会动辄发怒，如芒刺在背耿耿于怀。

师生之间搞得相看两相厌，正是因为，双方同样脆弱、狭隘、浅薄、幼稚，谁也强不到哪儿去。

其实，仇恨在你的身上燃烧多久，就会把你和恨的人绑在一起多久，那个人的一举一动都成了你的障碍、你的束缚。因此，别以为宣泄仇恨和不屑的同时，可以撇清自己，其实，在恶语出口的那一刹那，被玷污的首先是自己。

让孩子学会礼貌待人

有些孩子以貌取人，见别人相貌堂堂、装扮入时，开着高级汽车，就会高看一眼，似乎这样的人全都是好人（其实某些有钱人就是一些贪污受贿行骗的人，或者是靠不正当手段发财的人），而那些衣着破烂的人几乎都是坏人。

大人怎么对待孩子，往往决定了孩子长大后如何对待别人。

教孩子不可以貌取人

　　新生入学，某大学异常热闹，一个衣衫褴褛的中年男人在人群里钻出钻进，粗糙的手里拎着一只发黑的蛇皮袋。安保人员认为他十分可疑，正当这人盯着满地的空饮料瓶出神时，便一个箭步冲上去，揪住了他的衣领。

　　"你没见今天是什么日子吗？要捡破烂也该改日再来，不要破坏了我们大学的形象！"

　　当着这么多学生和家长的面，中年男人窘迫得说不出话来。这时，从人缝里冲出一个女孩子，紧紧挽住那个男人黑瘦的胳膊，大声说："他是我的父亲，从乡下送我来报到的！"

　　保安的手松开了，脸上露出惊愕的表情：一个衣着打扮与拾荒人无异的农民竟培养出一个大学生？不错，这位农民来自偏僻山区，女儿是村里有史以来走出的第一位大学生。他去外地打工，因老板拖欠工钱，害他没有钱买车票，只得徒步走了整整一星期！在路上，伤心的他暗暗发誓，一定要让三个儿女都上大学。

　　可万万没想到自己在这个心目中最庄严的场合被人像抓贼似的揪住。但是，当女儿骄傲地叫他父亲，接过化肥袋并亲密地挽着自己的胳膊在人群中穿行的时候，他的头高高地

昂起来。那是一个父亲的尊严，也是一个人的骄傲。

生活中，许多孩子就像那位保安一样以貌取人，见别人相貌堂堂、装扮入时，开着高级汽车，就会高看一眼，似乎这样的人全都是好人（其实某些有钱的人就是一些贪污受贿行骗的人，或者是靠不正当手段发财的人），而那些衣着破烂的人几乎都是坏人。这都是不尊重人的表现。

中国历史上有一个张良拾履的故事：

一个穿粗布短衣的老头，故意将鞋子丢到桥下，对张良说："小子，下去捡鞋！"张良心中不快，但还是把鞋子捡回来，恭敬地献给老人。可那老头说："给我穿上！"那张良竟真的弯下腰给他穿上了。

故事的结局大家都知道了。那老头不是等闲之辈，感叹说"孺子可教矣"，并给了他一本《太公兵法》，于是乎，张良就靠这本书，跟着汉高祖刘邦混得有头有脸。

这个故事就是教育人们不可以貌取人。

像张良这样以礼待陌生人的故事，还有一个，是有关黄鹤楼来源的传说。一个老乞丐成天到饭店混吃混喝，女老板每次都好酒好肉招待。后来，女老板得到厚报——那老乞丐原本是神仙，是骑着黄鹤到处兜风的那种。

说到这儿，我想到周星驰的电影。像《少林足球》中拐腿的人，《喜剧之王》中那个卖盒饭的人，以及《功夫》中的众多街头混混，到头来都是改变剧中周星驰命运的世外高人或卧底警察。而这些人，通常都藏身在茫茫人海中，正所谓"大隐隐于市"。

罗伯特是个摄影迷。一次，他搭乘长途客车到美国的各城市间寻找创作素材。他来到了旧金山，遇见克里·迈凯林。

克里是一个六十多岁的老人，但看起来像已经八十岁，满头的披肩长发灰白零乱，其间夹杂着昨天晚上在窝棚里睡觉时沾带的杂草，身上的衣服脏兮兮的，浑身散发着酒气和尿臊味，不用问，就能知道他是一个乞丐。罗伯特第一次遇见这人时，他正站在旧金山市中心的人行道上向路人乞讨。克里面带微笑，伸着双手。其实，这个乞丐每天都这么站着，来往的行人有的根本就没意识到他的存在，有的干脆避开。

尽管如此，克里的微笑却是真诚的。那天，罗伯特在一旁观察了很久，觉得他是一个很好的拍摄对象，于是同他谈了起来，并答应每天支付一些小钱，请求以他为模特儿拍摄一组照片。克里很爽快地同意了。

接下来的几天里，罗伯特都躲在暗处，拍摄克里的生活。他依旧跟过去一样，每天站在熙熙攘攘的市中心街口伸出双手，微笑着向人们讨钱。

就在第二天傍晚时分，迎面走来一位小姑娘，大约七八岁的样子，穿着干净而合体的衣服，头上梳着小辫子。她走近克里，从后面轻轻拉了一下他的衣角。克里转身之间，小姑娘用手将一个东西放到克里的手心里。一瞬间，克里的脸上比往常增添了许多光彩，那笑脸比罗伯特第一次见到的不知要好多少倍。与此同时，他马上也伸手从口袋中不知掏出什么东西放进小姑娘的手心里。小女孩也笑逐颜开，一蹦一跳地向不远处一直望着他的父亲跑过去。

罗伯特真有点抑制不住，很想立刻就从隐蔽处跳出来，问一问他俩到底在换什么神奇的东西，但想到所拍照片的客观性，还是克制住了满腹疑团的自己。就在这一天的工作结束后，罗伯特向克里提起困扰了他好久的问题。

"这很简单，事实上就是一枚硬币。那个小姑娘走过来，给了我一枚硬币；我又反过来，送给她两枚硬币。"克里看了罗伯特一眼，又继续解释说，"因为我想教会她，假如你慷慨大方，那你所收获的就会比你付出的多。"

一位家长教育女儿关爱陌生人，以培养她的爱心时，出现了这样一件"意外"的事。这位家长让女儿把一块面包递给流浪街头的老婆婆。老婆婆笑着伸出手，可她不是去接面包，而是想抚摸一下小女孩的脸。小女孩见一双脏得"像苍蝇的家"的手，吓得大叫起来，扔下面包，马上脱身……

我们该如何看待老婆婆的行为，或者说是回报呢？我想，这双手虽然奇丑无比，但它也还是很温暖的。不过，每个人未必能接受它，其实也很少有人能说"摸摸我的脸"。我们必须承认，自己的爱心，很多时候只能做到点到为止。其实，这就够了，就像那首歌《爱的奉献》里唱的："只要人人都献出一点爱，世界将变成美好人间。"是的，我们教育孩子可以只是一缕免费的阳光——当然，要是能做伟大得可以照耀每一个角落的太阳，自然是最好，但这是不够实际的。

让孩子感受人的友善

有对中国夫妇在美国住了好几年，一直没有认真过一下万圣节。万圣节又叫鬼节，过节时大家扮成各种怪样子，装神弄鬼，吓唬人玩。其中最重要的一个节目，就是孩子们的Trick or Treat：天黑后孩子上门来要糖，你不给，人家就可以捉弄你一番。这位母亲觉得，陌生人来敲门，不断地去开，又烦又没有安全感。后来，她女儿长到五岁，渐渐懂事了。这年万圣节前一周，她就惦记着买服装，晚上去要糖。不过，去年的万圣节，是由妻子带着她和一群幼儿园的小朋友及其家长集体行动。今年新到一个地方，路都不认得，也找不到伴，为安全起见，决定让父亲带孩子出门。

夜黑得伸手不见五指，让人感到世界处处有危险。父亲拉着女儿的小手，走在马路上，心里不断嘀咕：这么晚敲陌生人的门，太打

扰人家了吧？而且还向人家讨东西？

女儿可不像父亲，倒像一个自信的小天使，自告奋勇地按第一家的门铃。那扇门一打开，屋里灿烂的灯火顿时掀开夜幕，仿佛是天堂对她打开了门。夫妇两人见了孩子非常高兴："哎呀，我的小天使，你真漂亮，真可爱！"说着，他们便招呼父女俩进屋，同时拿出了一小篮子巧克力，当他们正要把它倒在女儿手中的篮子里，父亲急忙说，她实在要不了这么多。主人兴致未尽，不停地问孩子几岁了、上学没有、喜欢什么、住在哪里。父亲不由得放松了很多，甚至开始分享女儿的快乐。

接下来，女儿变得更加勇敢，见一栋房子就冲上去按门铃，那家只有女主人在。见了孩子，兴奋地说："我的女儿已经上大学了。她像你这么大时，也这么漂亮。"

父亲顺便问了一句："她在哪里上大学？"

"耶鲁"。

父亲眼睛一亮，马上问："她中学在哪里读的？"心里想的是自己女儿以后去哪里读书。女主人看出父亲的心思，知道他们是初来乍到，马上留电话，关于当地学校的问题一定要来问她。还说等她女儿回来，要请他们来家里吃饭，好好聊聊。临走又从自己的书架上找出三本五岁孩子的儿童读物送给他女儿。

女儿的情绪更是高涨得无法形容，觉得自己是全世界最得宠的人。

那天，最令人感动的是这次打扰的最后一家。主人是个

盲人，全靠一只导盲犬生活。父亲开始还觉得给她带了太多麻烦，女儿首次看到盲人，也有些害怕。可盲人热情地在桌上给孩子摸糖，嘴里不停地说："你的声音像个天使。"

父亲赶紧说："我们每天上学都经过你家。"她听了越发高兴，一个劲儿地说："看来我们早就是朋友了。"

眼见她准备得整整齐齐的一桌子糖，实在想不出这么一个生活不便的盲人，为招待素不相识的孩子要花多少时间，而在漆黑的夜里对陌生人敞开大门，又是多么的信任！看来，一个生活颇为不幸的人，也本能地懂得自己对陌生人的责任。

到现在还没多久，可由于手中篮子的糖太多、太重，已经拿不动了，只好提前回家。回到家洗漱完毕，女儿倒头就睡，不过睡前说了一句："今天我有这么多的快乐！"

望着女儿那张熟睡的小脸，父亲的心无法平静，更加对自己住的小区和邻居们产生了由衷的热爱，同时也非常感激这个万圣节。

人人都渴望得到友爱，但一个孩子要是从小就感受到这种友爱存在于陌生人之间，那对培养孩子礼貌待人，该是多么有益的事呀！那个小姑娘是幸运的，她在漆黑的、看起来很危险很可怕的夜里，从陌生人那里得到无限的甜蜜。其实，人家怎么对待孩子，很大程度上决定了孩子长大后如何对待别人。生活中，许多人主要是从亲友熟人中感受到这样的温暖，很难懂得陌生人之间的连结和感情。我想，让孩子从小就能从陌生人中体会到友爱，是尤其重要的。当然，前提是我们要有一个和谐的邻里关系。而营造这一关系的一个重要

原则，就是"爱你的邻居"，并使其成为我们的生存状态。

做人要懂得为彼此着想

现在的许多孩子都是独生子女，备受家人关心，成了全家的"中心"。孩子们也认为这是应该的，结果慢慢成为不懂尊重别人，"以我为中心"的坏毛病。

某大学邀请一位著名的教授来给学生办讲座。讲座时间到了，可教授一言不发，径直走下讲台，来到礼堂最后面一排的座位上，向一位同学深深地鞠了一躬。

礼堂里一下变得鸦雀无声，大家不知道发生了什么事情。

教授解释说："我之所以向这位同学鞠躬，是因为他选择坐里面位置的行动，让我充满敬意。"

"我今天是第一个来礼堂的，你们入场时我发现，许多先到的同学，一进来就抢占了靠近讲台和过道两边的座位，在他们看来，那一定是最好的位置了，好进好出，而且离讲台也近，听得最清楚。这位同学来的时候，靠前和两边的位置还有很多，可是他却走到最后面，而且是坐在最中间，进出都不方便的位置。"教授一直语调平缓，却流淌着一种严肃："我继续观察后发现，先前那些抢占了他们认为好位置的同学，其实备受其苦，因为座位前排与后排之间的距离小，

每一个后来者往里面进时，靠边的同学都不得不起立一次，这样才能让后来者进去。我统计一下，在半个小时之内，那些抢占了'好位置'的同学，竟然为他们只想着自己好的行为，付出了起立十多次的代价。而那位坐在后排中间的同学，却一直安详地看着自己的书，没人打扰。同学们，请记住吧，当你心中只有你自己的时候，你把麻烦其实也留给了自己；当你心中想着他人的时候，其实他人也在不知不觉中方便了你……"

然而许多同学心中没有别人，像夜里开门、关门、说话的声音很大，影响了别人休息，自己还不觉得。跟人友好相处的秘诀是：真心实意地尊重别人，让对方觉得自己很重要。

有些人因为嫌恶别人"道德"上有问题，而不愿给予尊重。这是不对的，对某位同学有看法，不是我们失礼的借口。一个人失礼时，所展示的更多是他自己，而不是他不喜欢的人。进一步地，无礼对待别人，只会降低我们的格调，有时还会忽视了别人的心理，说出了不该说的伤人之语。

我就知道这么一件真事。

有一个女生出语不慎，严重伤害了相处多年的一位好友。由于跟朋友的关系非常亲密，她事先根本想不到会有什么样的后果。伤害造成以后，后悔不已的她愿意付出任何代价，收回自己的话。对此，老师安慰她说："办法倒是有一个，但是做起来非常困难，而且还得吃苦受累。"

女生真诚地说："我不怕吃苦受累。"

老师说："那好，我告诉你吧。要收回你的话必须做两

件事情。第一，拿出你最好的羽毛枕头，将它开一个洞，天黑的时候挨家挨户地走，并在每家门前放一根枕头里的羽毛。记住，每家门前只放一根羽毛，天亮的时候必须做完这件事情。做完之后，你到我这儿来，我再告诉你要做的第二件事情。"

其实，老师的方法听起来十分荒唐，但这个女儿诚心要收回她的话，便一丝不苟地照做了。之后，筋疲力尽的她又一次找到了老师。

"我已经按照您的要求在每户门前都放了一根羽毛。"想着自己的努力会有所回报，她很欣慰地说。

"很好。"老师说，"现在你只要将那些羽毛重新放回到枕头里面，就能收回伤害朋友的那些话了。"

女生目瞪口呆。因为晚上的风那么大，羽毛早就被风吹得不见踪影了！

人在做，天在看。人在说，天在听。说出口的话就像一根风中羽毛，再也无法收回来，因此，一个人在说话时一定要慎重。

对于当今许多生活在城市中的人，外出免不了要乘公交车，尤其是在上下班期间，车厢内格外挤，而乘坐公交车的人员比较杂，有时会看到一些脾气不好、缺乏修养的人，难免与别人发生口角。

有位父亲给自己的孩子讲过这么一件事。

那是一个下雨天，公交车靠近窗边的车位上坐着一位中年男子。一个年轻人匆忙上车，站在中年男子旁边，车内很

挤，空气不畅，年轻人实在太闷了，便要求窗边的中年男子打开窗户透透气。

外面的雨不算大，但窗一打开，雨落了进来，中年男子马上把车窗关起来，年轻人很不高兴，中年男子也生气了："你没见雨淋到我了吗？"

过了几站，中年男子下车走了，年轻人坐在这个位子上。这时，一位刚挤上车的四十多岁女人站在他身边，提起嗓门对年轻人喊道："闷死了，把车窗打开吧！"

可一开窗，雨便飞了进来，打在年轻人脸上，年轻人迅速把窗子关了起来。那女人怒气冲冲地责问："难受死了，你干嘛又把窗子关上？"

年轻人望了她一眼，正要开骂："你没见雨淋到我了吗？"突然想起，这不是刚才那个中年男子骂人的话吗？

当我们正要责备别人时，一定要想一下别人的心理感受。当我们在帮朋友做事时，也要记住别伤害了其他人。

据媒体报道，在西西里岛的巴鲁度假村就发生过这样的事。

一天，有位满是歉意的工作人员，在安慰一个四五岁的小孩，可备受惊吓的小孩依旧放声大哭。原来，这位工作人员照顾不过来那天过多的孩子，一时大意，在儿童羽毛球课结束后，少算了一个，把这个孩子留在球场上。等发现算漏了一个孩子时，她立即跑到球场去找小孩，好在孩子原地不动，可因害怕而哭得可怜。此时，小孩的母亲赶来，见孩子哭得这么惨。

令人意外的是，孩子的母亲并没有责怪那位工作人员，也没有生气地带着孩子离开，更没说以后再也不参加"儿童俱乐部"了，而是蹲下安慰小孩，并且说："现在没事了，那位阿姨由于找不到你也非常紧张，非常难过，她不是有意的，现在你应当过去亲亲那位阿姨的脸，安慰她一下才对！"

接下来的事情是，这位四五岁的孩子，很听话地走了过来，踮起脚尖，亲了蹲在他身旁的阿姨的脸，并且说道："阿姨，不用害怕，现在已经没事了。"

当一个人感到害怕、痛苦、生气，想要责怪别人时，倘若能设身处地、将心比心、推心置腹地想一下，别人心里是怎样的感受，就不会将伤害的话轻易说出口。是的，我们做父母都应当像那个孩子的母亲一样，不仅不怪对方，反而是给予安慰。如此，我们身边，必然多一份友好与和谐。

别忘了向他人说声"谢谢"！

《读者》杂志上有一篇《别忘了谢谢》的文章，作者是吕游。他在文中讲了这样一个传说。

两个人同时问上帝到天堂的路怎么走？上帝见二人饥饿难忍，先给他们每人一份食物。一人接过食物，很是感激，连声说："谢谢，谢谢！"另一人接过食物，无动于衷，仿

佛就是该给他似的。之后，上帝只让那个说"谢谢"的人上了天堂。

另一个人不服："我不就忘了说句'谢谢'吗？"上帝对他说："你不是忘了。没有一颗感恩的心的人，说不出'谢谢'二字。而不懂得感恩的人，对别人的爱无动于衷，也不会爱别人，因此，也得不到别人的爱。"那人仍然不服气，他想不明白少一句谢谢为什么竟是天堂地狱的云泥之别。上帝感叹："上天堂的路是用感恩的心铺就而成的，天堂的门也只有一颗感恩的心才能打开，而下地狱则不用。"

人间需要"谢谢"，天堂也需要"谢谢"；贫穷时需要"谢谢"，富裕后也需要"谢谢"；陌生人需要"谢谢"，亲友间也需要"谢谢"；困境中需要"谢谢"，幸福里也需要"谢谢"；凡人需要"谢谢"，上帝也需要"谢谢"……

有人总结出教育孩子，最重要的是要教会他们说十八个字，即是："谢谢，您好，对不起，麻烦您，再见，我错了，请，我们。""谢谢"二字居首位，就是要让孩子首先具备感恩之心，不能视别人的帮助为理所当然，不能对别人给予的恩惠视而不见，要懂得尊重和感谢别人。

有位先生乘公交车回家。上车时，在他前面有一个七八岁的小女孩，背个书包，好像才放学。她上车时没站稳，差点儿摔倒，这位先生急忙上前扶了她一把。她刚站稳，便朝他打了一个手势，见他不懂还挺着急。原来小女孩是个聋哑人。坐了一站，这位先生要下车了，小女孩连忙跑过来塞给他一张小字条，这位先生还当是什么事呢，下车一看，只见

上面歪歪扭扭地写着一行字："谢谢叔叔！"不知怎么，这位先生心头立时涌上一股说不出的热……

还有这样一个盲女孩，送母亲一份礼物，那是一点一点打在生日贺卡上的盲文。母亲看不懂，请别人给翻译，没想到那段盲文竟让她泪流满面，并成为她一生中收到的最珍贵礼物。那段盲文是："妈妈，谢谢你把我养大！虽然你没给我眼睛，但谢谢你给了我生命；虽然我看不见你，但我永远爱你感谢你——妈妈！"

此时此刻，一千句、一万句的感激之情，都凝聚在"谢谢"这两个字上了。其实还有很多时刻，词山句海的感恩之心，都没有"谢谢"这两个字表达得更完美、更充分、更淋漓尽致！

一个十四五岁的男孩在书店偷书，被警卫当场抓住。警卫理所当然地对他大声呵斥，百般羞辱，众人也随即对这个孩子投以厌憎的目光。警卫不依不饶，一定要男孩叫父母或者学校老师来领才放人，否则就要把他交给警察。男孩吓得缩起身子，满目惊恐。正在这时，一妇女冲进围观人群中，抱住那个瑟瑟发抖的男孩，对警察呼喊："别这样对待我的孩子，我是他妈妈！"然后，她给这个男孩缴了罚金，带他离开书店，临走前还殷殷叮嘱他："快回家吧，孩子，以后别再偷书了……"

几年过去，男孩一直心怀感激地惦记着这个素不相识的妇女，他还没来得及跟她说声"谢谢"呢，如果没有她当时的挺身相助，也许，他的人生道路就是另外一条。自从考上

了大学，他暗暗发誓要找到她，说出那句一直掩埋在心里的"谢谢"。可是人海茫茫，何处寻找？他只好利用每年寒暑假，每天在书店附近等半个小时。尽管机会渺茫，他还是坚持在那里，风雨无阻。两年后，他终于等到了她。

为了这一声"谢谢"，他坚守在街头两年，可见这二字中的情深意重。都说情意无价，而作为这份情这片心的载体的两个字，更是贵比黄金。

一个山里孩子考上了大学，却因家庭贫困上不起。这时，一位不相识的外地人给了他无私援助。他一直想向他当面致谢，可由于种种原因，一直没能实现这一心愿。三年后，他专程按着汇款人的地址找到恩人家时，万没想到他已在几天前去世了，临死前还给他汇去了最后一笔款……

他后悔万分，悔不该一拖再拖，使这句没有说出口的"谢谢"成了他精神上永远的负担。

他含泪在白纸上写下一万个"谢谢"，点燃在恩人的坟前……

如果你想说"谢谢"，就马上说出来吧；如果你怀有感恩之心、感激之情，就尽快把它表达出来吧！要让"谢谢"成为你心灵的白鸽，而不要让它成为长期压在你心上的石头。

让孩子学会诚信做人

　　父母在教育孩子的过程中应当明白，孩子的习惯、为人处世、道德质量，才是真正支撑他一生一世的"中流砥柱"。千万不要让孩子输在"重诚守信"这条起跑线。

　　家长的许诺是随意的、虚假的，但是孩子的盼望和等待却是认真的、执着的，直到孩子们在一次次失望后，不再相信别人；而且还会让孩子觉得，一个人说话可以不负责任，答应的事也可以不办，于是从小就养成轻率、说谎的坏习惯。

　　我国古代哲学家老子有句话，"轻诺必寡信"。他的意思是，一个人如果轻易答应他人的一件事，那么他一定不是很有信用的人。这种人，注定友人疏离，事业无成。

别让孩子输在诚信上

　　"重诚守信"是基本的道德规范。从古至今，中外父母都很重视孩子的诚信教育。记得小时候，爸爸给我讲过这样

一个故事：

很久很久以前，某个国王要选择一个人来继承他的王位，他想出一个特别的办法来决定谁是他的继承人。

他发给每个拥有继承权的孩子一粒花种，然后承诺，谁种出最美丽的花，谁就是下一任国王。评选时间很快到来了，孩子们都端着漂亮的鲜花姗姗走来，脸上都洋溢着自信，只有一个孩子，他带了一个光秃秃的花盆前来。

然而，正是这个什么都没有种出来的孩子，继承了王位。其实，孩子们当初拿到的种子都是被蒸过的，根本不可能发芽甚至开花。

显然，这次测试不是为了发现最好的花匠，而是要选出最诚实的孩子。

这个故事让我深受启发，觉得应当诚实做人，才会有美丽、幸福的人生。

据说，美国波士顿大学把这个故事选入其教育学院的基础教材中。教材上建议老师在班上就这个故事进行讨论，让同学们学习并记住"诚实是最好的处世之道"这句谚语，并提出制作"诚信"标语的要求，制成后在教室里张贴。他们认为"教育学生成为一名诚实的公民比通过一门课程考试更加重要"。

当然，重诚守信的人有时也会"吃眼前亏"，但最终的赢家也正是坚守诚信的人。上海市中小学生素质教育课外活动系列教材中有这样一个故事。

"金棕榈"酒店开业几个月了，负责人蔡老板用人很苛

刻，有好几位年轻貌美的女服务员，只干了一个月就被蔡老板炒鱿鱼。

小梅是从外地出来的打工妹，她听说一家大饭店招募员工，就鼓起勇气前来应聘。

老板对小梅进行了面试以后，便决定录用她，并说明了她的月薪和夜班费。小梅喜出望外。

小梅素来勤快利落，再加上她很珍惜这份工作，于是，她每天都是提前 10 分钟上班，最后一个下班走；脸上终日带笑，顾客点餐时不忘热情地推荐精品菜式，收到许多夸赞，甚至还有顾客当着老板的面夸赞她，老板听了也觉得面上增光不少。

一天，小梅收拾残席，意外发现桌腿旁放着一张崭新的百元钞票。她顿时心脏狂跳，趁着四周没人注意，弯腰捡了起来。但是当钞票拿到手时，这种获得意外之财的喜悦立即消失了，蓦然间，一件往事在她的脑海里回放起来。

那时她 8 岁，家境贫寒，父亲为了让她过年时有套新衣裳穿，偷偷跑去山外的医院卖血。走到山口，父亲意外捡到一个钱包，里面有 30 块钱（当年的 30 块可以称之为"巨款"了）。父亲在山口苦苦等了大半天，终于等到了失主。事后，父亲对小梅说，"孩子，咱们穷，可是咱们不能短了志，那不是自己出力挣来的钱，拿了也是烫手，一辈子不安心"。

这话像刀一样扎进此时的小梅心里，小梅想了想，还是把钱交给了老板。老板笑眯眯地告诉他，这是他的一个小"计谋"，另外几个女孩子因为抵挡不了诱惑，都被他辞退。

而后，小梅被提升成为这家饭店的经理。

在这个充满了竞争与挑战的时代里，真诚比以往任何时候都显得重要和珍贵。父母身为孩子的第一任老师，应当用自己的言行，把诚信两个字刻在孩子心中。

再来看个故事。

一个阳光灿烂的星期六上午，父亲带着两个儿子去高尔夫球场打球。进入球场自然需要支付门票，父亲走到售票窗口询问，售票的年轻人告诉他，"满 6 岁的人进球场需要 3 美元，6 岁以下的儿童则是免费进入的，请问你的两个孩子分别有多大了？"

父亲回答，"我们家未来的律师 3 岁，未来的医生则 7 岁，所以我想我应该付 6 美元门票，对吗，先生？"

售票的年轻人惊讶万分，"先生，您本可以节省 3 美元的，那个大些的孩子，你告诉我他是 6 岁，我也是看不出来的。"

父亲回答："是的，你看不出来。但是我的孩子们会看见，会明白其中的差别。而我作为一个父亲，我有责任不让他们小小年纪就学会为达目的撒谎骗人。"

人们常说"做人第一"，在做事之前先学会做人。父母在教育孩子的过程中，应当明白孩子的习惯、为人处世、道德质量，才是真正支撑他一生一世的"中流砥柱"。千万不要让孩子输在"重诚守信"这条起跑线。

做个不失信于孩子的父母

曾子（前505—前435），姓曾，名参，字子舆，春秋末年鲁国南武城（今山东嘉祥县）人，出身没落贵族家庭，后师从孔子。他杀猪示信的故事已经流传两千多年了。故事是这样的。

一天，曾子的妻子对丈夫说："夫子，我要去集市买菜了！"可她出了家门没走多远，儿子曾元就哭喊着从身后跟了上来，扯住母亲的衣衫要跟着去。孩子还小，集市离家又远，带着他很不方便，因此曾妻对儿子说："元儿，你在家玩耍吧，我去集市买了东西就回来。你不是爱吃酱汁烧的蹄子、猪肠炖的汤吗？我回来以后杀了猪就给你做。"这话倒也灵验，曾元一听立时不哭了，高高兴兴地说："妈妈，我在家好好玩耍，回来可要杀猪吃！"

过了一个时辰，曾妻从集市回来，还没跨进家门就听见院子里捉猪的声音。她进门一看，原来是曾子正准备杀猪给儿子做好吃的东西。曾妻急忙上前劝阻道："夫子，为何杀猪？家里只养了这几头猪，都是逢年过节时才杀的。我与元儿儿戏，何必当真！"曾子严肃地说："在小孩面前是不能撒谎的，他们年幼无知，经常从父母那里学习知识，听取教

诲。身教重于言教，如果我们现在说一些欺骗他的话，等于是教他今后去欺骗别人，虽然做母亲的一时能哄得过孩子，但是过后他知道受骗，就不会再相信母亲的话。说谎话是欺人也是害己，这样怎么能教育孩子成才呢？"

然而，生活中许多父母却在孩子面前说话不算数。比如，一个男孩说："我爸说，只要我考试得了一百分，星期天就带我去公园玩。我真的考了一百分，爸爸却说他没有时间。"

某个女孩说："我妈妈答应我，只要我做完作业就让我出去玩，但是我做完了，她却不让我去，还给我一堆练习题接着做。"

家长们一次又一次"说话不算话"，孩子逐渐失去对家长信任感，家长的威信也与日俱减。家长在做事情的时候初衷都是为孩子好，但是以这种随意哄骗的方式对孩子好，孩子不仅不会感受到，还会产生极大的害处。

那么失信于孩子的害处在哪里呢？就像曾子杀猪示信的故事所蕴含的道理一样，家长的许诺是随意的，不负责任的，但是孩子的期盼和等待却是真诚执着的，孩子一次次失望，便容易不再相信别人。并且，孩子慢慢也会习惯，说出的话可以不必完成，答应的事情可以不必做到，直接影响他们为人处事，让他们变得轻率，变得会说谎。比方说，孩子们也会对家长说，"我会努力好好学习的"，但是结果却并不理想，他们说过以后，安抚过家长的情绪以后，又换得了一段轻松时光，家长则又一次希望落空。也许家长只会责怪孩子，可从没仔细想过这个坏榜样是谁做出来的。

家长失信，最后也必然会失掉在孩子心目中的威信。首要我们要了解，家长的威信究竟从何而来？其实，就是家长自己的言行。说到做到，会使孩子加倍重视他们的每一句话，从小便学会"言必信"。

家长要做到说话算话，其实不难。首先，也是最重要的一点，要做到不轻易许诺。不要为了达到眼前的目的，就随意对孩子许愿，答应孩子的任何要求。所以，每当孩子提出什么要求时，一定要认真想一想，这个要求合不合理，可不可以兑现。合理的，可以兑现的，答应了就要认真执行，不合理的，不可能兑现的，就不要轻言答应，要耐心地跟孩子沟通，研究出一个可以实行，并且尽可能让双方满意的方案来。万一答应过的事情，因为特殊情况而没办法实现，也要真诚地跟孩子道歉，并尽力弥补，不能敷衍了事。

关于失信的危害，有这样一个寓言故事，很值得家长们反思。

有一条河里住着一只乌龟，河里鱼虾成群，乌龟日子过得惬意舒适。

有一天，远方游来了一只河马，它困乏疲惫，眼看就要死了。河马可怜兮兮地恳求乌龟，"你行行好，把这条河借我用一用吧，待我渡过难关，一定将它完好如初地还给你。"善良的乌龟答应了它的请求，自己搬到了天池去生活。

河马在这条河里生活了一段时间，痛快至极，便打定主意赖住这条河，再也不还给乌龟了。他还心安理得地想，河是上帝的，谁有本事谁来占，凭什么你乌龟一人独霸。

带到约定还河的日期，乌龟来讨，河马脑袋一甩，"要河不给，要命一条，也不给"。

乌龟气得浑身发抖，指责河马不守信用。河马冷笑，"信用有什么用，只有你这只蠢乌龟才相信这种东西，快滚吧"。

乌龟见河马无赖又强势，无可奈何地走了，对于当初自己的心软悔不当初。然而，天有不测风云，这一年逢上大旱，河水干涸，河马没有水，快要被太阳烤干了，它奄奄一息之际，想起乌龟，跑到天池去找乌龟，可是天池大门紧闭，无论它说什么都没有用。

谁说失信是小事，一次失信，关键时候，就会害了自己的性命。

让孩子对许下的诺言负责

古代大哲学家老子有一句话："轻诺必寡信。"意思是说轻易答应别人一件事，就一定没有足够的信用。没有信用的人，不会有朋友，也不会有事业上的成功。

少年儿童要做到信守承诺，那么答应别人任何事情之前，都要经过慎重的考虑，是不是可以做到，考虑好了再选择答应还是拒绝。一旦答应下来，就要千方百计做到，不管有多困难。发生突发情况导致事情不能按照愿望发展，就要及时

跟人家说明情况，郑重道歉，并且积极想办法补救。只有这样，才不会失信于人，才值得被别人信任。

一位名叫许晴的家长朋友向儿子讲过这样一个故事，教导儿子要对自己的诺言负责。许晴说，在她的留言册上，有一则留言最为醒目。它刚劲有力，像一株带刺的玫瑰，直刺进她记忆的心田："也许这不是你的错，但我无法原谅你违背诺言。"

事情是这样的。

那一年，许晴担任某校文学社的社长，他们决定办一次"声势浩大"的社员文学作品展。

万前是个多才多艺的人，被誉为"校园作家"。遗憾的是，万前并非他们文学社的社员，但要是有他的作品，展览就会锦上添花。经过讨论，社团决定以"特邀作品"的形式展出他的作品，于是找到了万前。

起初，万前不愿意，但面对大家诚恳的请求，他双眼直盯着社长许晴的脸说："你得给我保证！因为我向来不留底稿，也没复印件……"

许晴笑了："原来你是怕丢了作品。"

万前点了点头。许晴急忙拍着胸脯说："这个你放心，我们有专人负责，保证做到完璧归赵。"

然而，意外的事情还是发生了。展览结束，一清点，才发现几本精美的杂志不见，那恰恰就是万前的，上面刊载有万前的文章。现在书丢了，这才后悔当初为何没有拿去复印一下，为何非要展出原件。万前也急了，涨红着脸对社长吼

道："你给了我保证的！你许下了诺言的！你不知道那是我最有分量的作品吗？你得还给我！我要靠它们去找工作呢！"万前的话也把许晴逼急了，她大吼道："这种事谁想得到！我不可能把它们捆在身上啊！"

"真是一个无赖！"万前一跺脚，气得泪水都流出来，最后说出这句话就走了。

许晴知道，也许是这一原因吧，万前最终没有进入他想去的那家单位，因为那家单位看重的就是要有几篇有分量的作品。

毕业时，万前留下了这一句话作为离别的赠言："这也许不是你的错，但我无法原谅你违背诺言。"

是的，诺言是神圣的，古人说："言而无信，非礼也。"我们应当知道，许下的诺言就要兑现，这也才是一个负责的人。

法国前总统德斯坦家有一只名叫庞贝的宠物犬。

一天，德斯坦带着庞贝在农场散步，突然他的礼帽被风吹跑了，转眼消失得无影无踪。德斯坦不慌不忙对庞贝说，"亲爱的，交给你了，回来我会给你大大的奖励的。"

过了一刻钟，庞贝把帽子找回来了，德斯坦便从冰箱里拿出两只山羊睾丸给庞贝。它刚刚吃完第一个，电话铃响了，德斯坦去接电话，下意识把另一只山羊睾丸放进自己的口袋里去了。放下电话，他急急出了门，路上发觉自己闹了笑话，便把那只山羊睾丸掏出来随手扔给了一只鹰。

此后，庞贝落下了一个毛病，就是每当见到德斯坦，就

立起身子，用前爪扒德斯坦的口袋。刚开始，德斯坦很疑惑，无论怎样跟庞贝交流，庞贝都改不了。三个月以后，德斯坦再次带庞贝去农场散步，才想起自己还欠它一只山羊睾丸。回来以后，他可以在口袋里装上一只山羊睾丸，等庞贝自己吃掉它以后，这毛病就再没犯过。

后来，德斯坦在一次内阁会议上讲起庞贝的故事，为了了结"玫瑰花诺言"。最后，总统的提议几乎全票通过。

1977 年 4 月 22 日，法国总统德斯坦回访卢森堡，把一张象征 4936784.68 法郎的支票，交到卢森堡第五任大公让·帕尔玛的手中，以此来了结长达一百八十年的"玫瑰花诺言"案。

"玫瑰花诺言"案是怎么一回事呢？在此简单交待一下。这件事发生在 1797 年 3 月 17 日。当时，法国皇帝拿破仑访问卢森堡大公国，在参观国立卢森堡小学时，他赠送了该校一束价值三个金路易的玫瑰花，并许诺只要法兰西共和国存在一天，就每年送上一束，以作为两国友谊的象征。

就在拿破仑离去之后，由于战事繁忙，便把这一诺言给忘了！ 1894 年，卢森堡大法官萨巴·欧白里郑重向法兰西共和国提出"玫瑰花诺言"问题，要求法国政府在拿破仑的声誉和 1374864.76 法郎（三金路易的本金，按复式利率 5%计算，存期 98 年）之间进行选择，此后成为外交惯例，每年的 3 月 17 日，卢森堡都要重提此事，使得法国的历任总统在访问卢森堡时，都要在谈完正事之后，顺便提一下"玫瑰花"之事，以示没有忘记。

尽管"玫瑰花诺言"案已被了却，但它对人们仍有启示和影响，如今，身为法国前总统的德斯坦，担任欧盟制宪委员会主席的职务。他之所以能担任这个职务，据说是因为整个欧洲认为，他是一个最值得信任的人。德斯坦在自己的就职演说中再次说道："许下的诺言，一定要兑现。如果没有兑现，下次见面时也一定要重新提起；千万不要心存侥幸，认为诺言会悄悄地溜走。"

是的，在这个世界上，哪怕是一只狗都不会忘掉人类对它许的诺言，更何况是一个人！

教孩子与时俱进地认识诚信

所谓诚信，其实是诚实和信用两重意思。诚实：真实表达所思所想，所做所为皆无愧于心。信用：能够履行诺言，从而取得信任。

关于信用问题，中国古代有个"尾生抱柱"的故事。一个名叫尾生的人与人约好在桥下柱子那里相会。尾生等了一会儿，天空乌云密布，少顷，倾盆大雨直泄而下，接着山洪暴发，淹没了桥柱。赴约的人知道雨停之后才去，没见到尾生，以为尾生爽约。直到大水退去，人们发现尾生的尸体，还保持着当时抱柱的姿势。他用生命来遵守和人的约定。

这个故事很感人，但并不能效法。为什么呢？生命是极其宝贵的，每个人都应当爱惜生命。其实今天的孩子遇到类似的事，完全可以灵活处理，在保证安全的前提下，又不失信于人，做法很简单，可以跟对方联系一下，说明情况。

对于诚信，有个很现实的问题，做父母的都不应该回避。我们看一下作家游宇明写的《真诚的世俗》就明白了。

侄儿小星前些日子颇有点闷闷不乐，原因是他在品德测试中，一道题目答错了。那道题目是："假若本地爆发洪水，你家里一台高档计算机与学校一台旧电视机都面临被洪水淹没的危险，你先抢救什么？"全班同学都回答："先抢出学校的旧电视机。"唯独小星说要先找一条船，把自家的高档计算机和学校的旧电视机都抢出来。老师批评他没有大公无私的精神，并且告诉他：自家的事再大也是小事，集体和国家的事再小也是大事。

我也认为老师的批评是对的。

我的观念发生改变是在自己做了一道外国的测试题之后。题目是这样的：一个风雨交加的夜晚，某人驾车在一乡村公路上驶过，有三个人正在等公交车，一个是患了重病的老太太，一个是救过他性命的医生，一个是他心仪已久的漂亮女郎，而此人的车只能搭载一人。问，此人第一个应该搭载谁？

从感情上说，我觉得应该先搭载医生，医生是救过自己命的人，知恩必报是中华民族的传统美德；第二个自然是妙龄女郎，因为这个夜晚对于爱情确实是一个天赐的机会；如果有时间的话自然要返回来搭载那位老太太，因为她毕竟有

病在身，何况年纪又那么大。但经过一番"天人交战"，我最终的选择是：与医生和妙龄女郎讲清楚，请求他们的原谅，让我先送有病的老太太。（我能想到这一点，要感谢老师和上级多年的教育）

答案却出乎我的意料：把车钥匙交给医生，让他送老太太去医院，自己陪心爱的女郎一起等公交车。

我得承认这个答案比我所有的选择都高明：既报了恩，又做了好事，还能有机会和自己喜欢的人在一起，真是一举三得！这个答案自然是有私的，但比我最后设想的那个所谓"无私"的方案更有人情味，更容易被大家接受。其实，也不是外国人特别聪明，而是在宽容的文化背景下，一个人容易产生灵活而富有创造性的思想。

多年来，我们对公民进行道德教育的做法有点偏颇，好像什么事一与"私"搭了边，人的道德水平立即降级，我们唯独想不到公与私，崇高与世俗并不是那么水火不容，许多时候它们恰恰可以完美融合在一起。正因为我们对公民要求超出了一般人在生活中可以达到的高度，其结果，原本高尚的道德成了一些人的集体撒谎，甚至是贪官的作秀。

与其让人虚伪的崇高，何不让人真诚地世俗。要知道，不违反道德和法律的世俗也是社会前进的重要推动力啊！

让孩子学会善良做人

　　美国商务部部长卡罗斯·古铁雷在回答《华盛顿邮报》的一位记者的提问时说："一个人的命运，并不一定只取决于某一次大的行动。我认为，更多的时候，取决于他在日常生活中的一些小小的善举。"

　　成功有时很简单，一个行善之举，就能打开成功之门。菲利靠一把椅子的关爱，就得到了卡耐基的赏识，并成了美国钢铁业仅次于卡耐基的灵魂人物。王志东因热心帮助一位用户将两个排版软件装到同一台计算机上，而被王选看中，从而迈入了新的人生旅程。

行善能推开成功的大门

　　卡罗斯是一位大庄园主的儿子。七岁之前，他过着钟鸣鼎食的生活。不幸的是二十世纪六十年代，突然掀起的一场革命令他们家失去了一切。

后来，全家人来到美国的迈阿密。当时，他们所有的财产是父亲口袋里的一叠已被宣布废止流通的纸币。

迫于生计，卡罗斯从十五岁起就跟随父亲打工。每次出门前，父亲都这样告诉他："只要有人答应教你英语，并给一顿饭吃，你就留在那儿给人家干活。"

不久，卡罗斯拥有了第一份工作，在海边小饭馆里做服务生。由于他勤快、好学，很快得到老板的赏识。老板为了提高他的英语水平，竟把他带到家里，让他跟孩子们一起玩，一起学。

忽然有一天，老板告诉卡罗斯，给饭店供货的食品公司将招聘经销人员，要是乐意的话，他愿意帮助引荐。于是，他获得了第二份工作,在一家食品公司做推销员兼货车司机。

出门时，父亲告诫儿子："我们祖上有一遗训，叫'日行一善'。在家乡时，父辈们之所以成就了那么大的家业，都得益于这四个字。现在你到外面闯荡了，最好能记着。"

卡罗斯记住了父亲的话，每当开着货车把燕麦片送到大街小巷的店时，他总是做一些力所能及的善事，比如帮店主把一封信带到另一个城市,让放学的孩子顺便搭一下他的车。就这样，四年时光转眼即逝。

第五年，卡罗斯接到总部的一份通知，让他去墨西哥，统管拉丁美洲的营销业务，原因是他在过去的四年中，个人的推销量如此之高，竟占佛罗里达州总销售量的 40%。

接下来的工作，卡罗斯干得一帆风顺。他打开拉丁美洲的市场后，又被派到加拿大和亚太地区；1999 年，被调回了

美国总部，任首席执行官。

正当卡罗斯被美国猎头公司列入可口可乐、高露洁等世界性大公司首席执行官的候选人时，美国总统小布什的商务部长提名名单上，写着这样一个名字：卡罗斯·古铁雷斯。

如今，卡罗斯·古铁雷斯这个名字已成为"美国梦"的代名词。前不久，《华盛顿邮报》的一位记者去采访卡罗斯，就个人成功让他谈点看法。卡罗斯说，他很感激父亲的教诲，他会永远记住那番话。

是的，一个人的命运，并不一定取决于某一次大行动，更多的时候，取决于他在日常生活中的一些小小善举。

中国山西一个偏远而清苦的山村，有位老人给一个小男孩出了一个字谜："一人本姓王，怀里揣着两块糖。"小男孩听说过这个字谜，立刻大声回答："金"。老人满意地笑了，从贴胸的衣兜里掏出两块水果糖，一块递给男孩，一块送到自己嘴里，两人甜甜地吮吸着，似乎正享受着无边的幸福。

这个场景被来自彼岸的金发女孩玛丽亚见着了，不由得想起了祖母的那栋带大花园的漂亮别墅，想起常常邀请一帮孩子到家中分享她的糖果和故事的祖母，想起祖母和孩子一样单纯而畅快的笑声。

正是那两块普通的水果糖和那两张纯朴的笑脸，让玛丽亚做了一个骄傲的选择——留在中国西部，做一名帮贫助困的志愿者，播撒更多的快乐和幸福。后来，玛丽亚跟村里人一起劳动，给村里的孩子上课，还帮着山村招商引资，办起了一个土产品加工厂，让那里的山民一天天富裕起来。村民

感激地称她是"幸福天使"。

许多人以为赢得快乐和幸福很难。玛丽亚的故事告诉人们，不需要太多的寻寻觅觅，不需要太多的权衡论证，只需怀揣两块糖，主动与人分享，就能拥有快乐的时光和成功的人生。

裘法祖之所以成为中国医学界泰斗级的大师，很重要的一点就是他从医后的第一个手术。那是一个小小的阑尾手术，可病人四五天后去世了。尸体解剖证明不是他的责任，但导师的一句"她是四个孩子的妈妈……"影响了他日后六十年的行医生涯，让他树立了善待病人的理念。在裘法祖看来，善待病人是他人生中最重要的成就，而且比他的任何学术贡献都重要的成就。

是的，成功有时就这么简单，一个行善之举，就能打开成功之门。菲利靠一把椅子的关爱，就得到了卡耐基的赏识，并成了美国钢铁业仅次于卡耐基的灵魂人物。王志东因热心帮助一位用户将两个排版软件装到同一台计算机上，而被王选看中，从而迈入了新的人生旅程。有位贫苦的乡下人，因救了一位溺水少年，使自己的儿子实现了到伦敦圣玛丽医学院深造的愿望——他儿子就是后来被英国皇家授勋封爵、荣获诺贝尔 1945 年医学奖的亚历山大·弗莱明。

教孩子学会行善

孩子是世界的未来，孩子的成长需要引导、培养和教育。行善是一种高尚的道德行为，在孩子中进行善良教育，对构建和谐社会、营造幸福人生有重大的功能。教孩子行善，我觉得可以从以下几点做起。

一、爱护动物

大海边，一个小男孩在退潮后把那些搁浅在沙滩上的小鱼扔进大海。

一个行人问："你在干什么？"

男孩头也不抬地回答："我在救小鱼。"

行人又问："沙滩上有成千上万条的鱼，你救得过来吗？"

男孩认真地说："我救一条是一条，如果我把这条也救了，海里又多了一条生灵。"

行人再次问："谁在乎你做的事吗？"

男孩捧起小鱼放进大海，说："它在乎。"又捧起一条更小的说："它也在乎。"

儿童都有保护动物的倾向。孩子的心灵，是一个善良的世界，要想这个世界不被污染，就得从孩子小时就教起。

在孩子姗姗学步之时，很多德国家庭特意饲养小狗、小猫等小动物，让小孩子亲自照料他们，以便学会细致入微地照顾弱小生命。幼儿园里也常常饲养各种各样的小动物，由孩子们轮流负责照看喂食，还要细细观察它们的成长发育，跟它们做游戏，在此基础上，做出"饲养记录"。正式入学以后，孩子们的作文里常常出现关于小动物的生动描写，优秀的篇章还会被老师拿出来发表在墙报上。除了这些，大家还热衷于用自己平时积攒的零用钱"领养"动物园里的动物，或者为濒危动物捐款。

二、善待生命

让孩子善待生命，应当从爱护动植物开始，培养孩子的同情心和体恤生命情感的能力。

有位儿童教育家忘不了她小时候的一件事。母亲养了几只鸡，一天，母鸡的爪子被重物砸伤。母亲抱着这只受伤的鸡，让女儿用药水、纱布，给它的伤口涂上云南白药，缠上纱布再用胶带包好。隔两天又给鸡换药。

两个星期后，鸡伤痊愈了，可脚面有一个硬硬的大包，走起路来一瘸一拐。奇怪的是，鸡总是跟着她。母亲笑道："鸡也通人性，你对它好，它知道。"

由此，她喜欢上了鸡，整个童年的画里画的都是鸡，而且还在绘画比赛中夺得了第一名。当然，对虐待动物和植物的孩子，应该立即纠正和开导。

三、怜贫惜弱

应当让孩子明白这样一个道理：仰慕强者也许是人之常情，而同情弱者更是美好心灵的体现。在成人社会的倡导鼓励下，孩子们帮助盲人、老人过马路早已蔚然成风；为身有残疾的同学排忧解难者也比比皆是。但法兰克福曾发生过这样一件事：有一个孩子粗暴地将一位上门乞食的流浪者赶走，全家人对此事极为重视，并且郑重其事地召开了一次家庭会议。大人们严肃认真又耐心的开导孩子说，流浪者尽管穿着邋遢，但同样享有做人的尊严。后来，孩子主动请这名流浪者来家做客，家人欣然同意。

四、宽容待人

法国大文豪雨果说："世界上最宽阔的东西是海洋，比海洋更宽阔的是天空，但比天空更宽阔的是人的胸怀！"每个人都有其独特性，有自己的爱好、追求，甚至怪癖，因此应当允许差别，包容相异，这是消除人际矛盾最好的方式，由此可以营造出一个亲密友善的人际环境。

五、以邻为善

许多人都很欣赏月亮之美，却不会感谢邻居门口的灯以及屋后栅栏上生动的牵牛花。有位母亲对女儿说：不论你在什么地方，要和你最近的那个人修好关系。这个"人"可能是你的同学、同事、室友，甚至是看电影时邻座的陌生人。

　　白露的新邻居是一对老年夫妇，可能是代沟的缘故，她们很少往来，偶尔在阳台上晾衣服时，会打声招呼，仅此而已。一天，白露忽然听到敲门声，以为是朋友来访，打开门一看，奇怪，是个陌生的女士，显然她看出白露的尴尬，便很快自我介绍说："不好意思，我是对面家的女儿，今天回娘家，想要送你几根葱……我们应该做好邻居！"原来是要通过送葱来加强彼此往来。白露有点惭愧，觉得自己这个晚辈应主动与邻居老夫妇拉近关系，想不到他们的女儿捷足先登了，而且这种方式非常简单，却很温暖，关上门坐在沙发上感慨一番之后，白露便把两个小孩叫过来："记住，以后每天你们都要和对面的老爷爷老奶奶说话，或者请他们讲故事。"接下去的日子，白露发现很多不同寻常的变化：放在门口的袋装垃圾，常被人先提走了；邻居把最美最香的花移到离白露家最近的阳台上摆着，风吹着窗帘，白露分享着那阵阵袭来的花香。

六、及时行善

　　一个寒冬的黄昏，路边有个乞讨的老人瑟瑟发抖。应该是今天的"业绩"不够好，不然他可能会找个馆子，喝一口热汤，抵御一下寒气。这时，过来一个男孩，把仅有的十元钱给了那个老人。好在家不算太远。男孩花了半个小时，一路小跑回到家，洗了一个热水澡，舒服地睡了一个好觉。

　　男孩想，如果我用身上仅余的十元钱坐车回家，又会度过一个失眠的晚上；我把那十元钱给了老人，跑步锻炼了身

体，因为疲劳，我的睡眠质量相当好；而老人在这个寒冷的晚上，可以得到一点儿温暖，我心无挂碍，甚至有点儿志得意满。

"一个小小的善举，可媲美运动一小时后所得的舒畅"。这是一条有名的标语。

总之，善良不仅是一种私人的美德，还是一种心灵的需要。但愿这个社会弥漫着善良的空气，但愿每个人都读懂女诗人狄金森的短诗："如果我能使一颗心免无哀伤，我就不虚此生；如果我能解除一个生命的痛苦，平息一种辛酸，帮助一只昏厥的知更鸟重新回到巢中，我就不虚此生。"

我们做父母的，千万不要让孩子抗拒心中善良发现的召唤。行乐要及时，行善更要及时。其实，很多时候，行善与行乐就是一回事。

第四章

用博大的爱心去善待弱势孩童

面对"笨小孩",需要的是关怀赏识

不要以为学习成绩差的孩子,一生只能平平而已。肯定每一株"草",说不定会早点发现"奇葩"。对成绩不好的孩子,多一份赏识,多一份关爱,多一份责任,我们就会早点发现他们的天分。

没有绝对的"笨小孩"

美国某大学的罗森塔尔博士,曾做过这么一个著名的实验。1960年,在加州一所学校新学年开始时,博士让校长把三位教师叫进办公室,对他们说:"根据你们过去的教学表现,你们是本校最优秀老师,因此,我们特意挑选了一百名全校最聪明的学生组成三个班,让你们教,这些学生的智商比其他学生都高,希望你们能让这些资优生取得更好的成绩。"

三位老师十分高兴,决心尽力为之,又遵从校长叮嘱,像对待普通孩子那样对待他们,不让他们的家长觉得他们是

特意被挑出来。

　　一年后，这三个班的学生在学区内的排名都是名列前茅的。真相就此揭开，这些孩子都是随机抽取的普通学生。老师听到后，认为自己的教学水平真是高超，暗自欣喜，校长又言明，他们，也不过是随机抽取的普通老师罢了。

　　三个老师都认为自己优秀，学生智商又高，对工作充满了信心和热情，结果自然令人满意。

　　有位老师跟我讲了这么一个故事：

　　有个人要去远方，便让朋友帮他看守在山中的庭院，朋友很懒，全不像主人那么勤快，把地面打扫得干干净净，只是偶尔扫一下被风吹进来的落叶，任那些破土而出的草芽随意生长。有一天，朋友发现了棵与众不同的草花，叶子又薄又长，开出五瓣的小花，氤氲着一缕缕的幽香，花形有点像野兰花，只不过它是蜡黄的。

朋友好奇地采了它的一朵花和几片叶子，下山去找一位研究植物的同学，那人兴奋地说："这是兰花的一个稀有品种，许多人穷尽一生都很难找到它，在城里的花市上，这种腊兰一棵至少价值万余元。"

"腊兰？"朋友愣住了。

回来后，朋友打电话把这个喜讯告诉了庭院的主人。主人很吃惊。过了一会说，其实那株腊兰每年春天都要破土而出的，原以为不过是一株普通的野草而已。主人感叹道："我几乎毁掉了一种奇花啊，如果我能耐心地等它开花，那么几年前我就能发现它了。"

故事说完了，这位老师说："不要以为学习成绩差的孩子，一生只能平平而已。肯定每一株'草'，说不定会早点发现奇葩。对成绩不好的孩子，多一份赏识，多一份关爱，多一份责任，我们就会早点发现他们的天分。"

还有一个孩子，五岁之前并无语言天赋，甚至被认为是一

个低能儿，他很少言语，偶尔与人交谈也因听错或误解对方之意而中断谈话。爷爷、奶奶怜爱地叫他"小傻"。五岁时，他随父母从城市下放到农村。上学后，老师问他能否从一数到一百，他说不会。老师又说，你数一下自己的衣服扣子吧！他于是伸出小手在衣服上比划着。尽管最终还是上了学，但没有人对他抱希望，因为他"天赋"太差。

这是胡敏描述小时候的自己。也许人们说，这个人生来没有任何语言天赋，肯定学不好英语；或者认为他因缺乏天赋，干不成事业。然而他说："当你相信自己能创造奇迹时，当你为创造奇迹付出奇迹般的努力时，奇迹就此产生。"

要说胡敏"为创造奇迹付出奇迹般努力"，还得从他高中时谈起。

升高中后，胡敏再次与陈春安老师相遇。陈老师是他初中时认识的。当时陈老师还未教他。胡敏说，陈老师是他成长中一个重要的人，是陈老师改变了他的人生轨迹，帮助他发现自己的潜力，并给予他一个努力的方向。

在高中的第一次期中考试后，陈老师为英语考试前几名举办了一个颁奖仪式。颁奖结束后，陈老师说："期末考试后我还要奖励一批取得了好成绩的学生，希望大家努力学习，到时候我会亲自把奖品交到你们手中。"说这话时，陈老师炯炯有神地眼看着全班同学，那些考得不理想的学生都觉得老师是在鼓励自己，尤其是胡敏，更是觉得老师的眼睛一直看着他，他也当即明白，老师是在激励自己好好学英语，争取期末的奖品。胡敏很感动，从小除了父母外，几乎没有人

对他抱过什么希望，他心中充满自卑，而陈老师用眼神和语言向他传达了一个讯息：你有能力，你能成功！

从此，胡敏疯狂地学起了英语，一点点啃，一点点学。他知道自己不比别人聪明，这就好比挑土：他的力气小，一次只能挑别人的一半，但假如他多挑几次，就会比别人的多。别人看一遍的书，他愿意花时间看两遍、三遍，别人做完卷子便弃之一边，他则是把答案一盖，再做上几遍。

期末考试结束后，陈老师叫他批两个班的卷子。

胡敏吃惊地问："我，我行吗？"

"怎么不行？"陈老师说，"你的答卷就是标准答案。"

第一次得到老师这么高的评价，胡敏无比激动。

陈老师故意放出风声，说胡敏在批全班的考卷，性急的同学挤在老师家的窗前，冲他喊："胡敏，我的卷子批完了吗？多少分？"

面对此情形，胡敏不知自己该有多自豪："当你相信自己能创造奇迹时，当你为创造奇迹付出奇迹般的努力时，奇迹就此产生。"

这次经历不但让胡敏体验了什么是成功，更体验到了追求成功过程中那种快乐的感觉，只要看到英语单词就会不由自主地激动，就会把它反复不断地背下来，直到它真正属于自己。

后来，他十九岁登上大学讲台，二十八岁成为中国社科类最年轻的副教授，三十二岁担任英语硕士导师，三十八岁担任北京新东方学校第二任校长和北京新东方教育科技集团

总裁,把雅思培训在中国做到最大,并研发了大量雅思教材,被业内人士称为"胡雅思"。

给"笨小孩"爱的阳光

课堂上,有一名身形十分单薄的女学生,脸色蜡黄,面容憔悴,精神疲惫。从她的神情可知,一定是在忍受着痛苦。

老师边讲解课文,边走了过去,弯下腰轻声问:"要不要去医院?"

她摇摇头。

老师说:"如果受不了,就伏在桌上休息吧。老师抽时间给你补课。"

她说:"老师,没事的,我能坚持。"

在四十分钟的时间里,这名女学生一直强打着精神,听着讲解,写着笔记。老师担心她的身体,但更佩服她的坚强。是的,对一名弱小的女学生来说,忍着痛苦坚持学习需要很大的精神动力。课后,经过与她交谈,老师才知道她从小就患有贫血症,是第一次远离父母来异地读书,刚来还不太适应,所以常出现头晕心悸。于是关心地说:"父母没在身边,要学会照顾自己。你可以吃一些补血药品,平时要加强营养,注意休息,只有休息好,才能有充沛的精力学习。你有什么

需要和困难，都可以跟我说，让老师来帮你。"听了这番话，见她只轻轻地说了一声："谢谢您，老师。"离开的时候，她的眼角闪烁着晶莹的泪花。

当天，这名学生在周记中写道："在学校里，要么你学习成绩特别优秀，要么你多才多艺而又善于表现，你就容易得到老师的关注。而我成绩中下，性格内向，出不了风头，谁会关心我呢？能够得到老师您的注意和关心，我真的万分感谢。老师，是您的嘘寒问暖让我第一次感受到来自老师的温馨，所以我要真诚地对您说一声，'谢谢您，老师！'这次考试，我的语文刚刚及格，您一定很失望吧？不过，请您放心，我一定会用令您满意的成绩来报答您对我的关心。我相信在您爱的阳光里，我一定能健康成长。"

当周记交上去，老师一看，先觉得浑身沉重，之后又热血沸腾，见她有这份自信与坚强，又感到很欣慰。合上本子，她在心里说："如果我对她的关心也可以算是爱的阳光，那也只是一束微弱的光线呀，不经意间却换来她精神世界的万丈光芒，驱散了她心灵深处的阴暗与寒冷，启动了她青春年少的情感涟漪。"

"爱的阳光"这四个字深深地触动了老师，她不由得起身走到窗前，一推窗户，屋子里顿时一片明亮，静静的秋阳暖意动人。

在这个世界上，太阳是无私的，她把自己所有的光明和温暖都平等地洒向了人间。许多老师常抱怨笨小孩，其实，只要老师心中有爱，笨小孩美好的一面便会展现在眼前。一

位老师要是做不了太阳，就做一束光，发一分光热，去照亮孩子的思想，温暖孩子的心灵吧！

从学习最差的孩子带起

某名牌大学研究生，远赴宁夏支教。

刚到那所中学，她便发现这里毫无纪律可言，学生在自习课上打牌，老师习惯迟到早退，全班学生一半辍学。

首先最大最头疼的问题就是学生学习基础差。有个高中学生，连26个英文字母都背不全，她让他放学后就来补课，从最基本的教起。一回天色全黑，她不放心这个孩子，亲自送他回家，自己回来的时候却迷了路。风大林黑，她正惊怕，忽然看到远方有火把光亮，还有人大声叫她的名字。这是校长带着学生找她来了。她控制不住情绪，痛哭失声。她帮助的那个孩子成绩突飞猛进，点滴进步都让这个女孩子欣慰欣喜。

在宁夏的时候，班里有一个叫小兰的女生，因父亲身患重病，家境极其贫困，很自卑而内向，成绩也不好。

无意中，这个支教研究生的言行触动了小兰，使得她主动给自己写了一封长信，倾诉了她的苦恼与茫然。在信里，她叫她"姐姐"。这样的文字交流成了她们之间的小秘密，女

孩会经常悄悄给她递小纸条："今天表现不错，再接再厉！"或者是："知道吗？你笑起来很漂亮，希望能经常看到你的笑容！"她也会给女孩递小纸条，关心着她的生活："姐姐，天冷了，多穿件衣服。"眼看着一个沉默寡言的孩子一天天变得活泼起来，冯艾不由自主地关注她，像任何一位姐姐关注妹妹一样。女孩忽然觉得，原来陌生人之间，也真的可以有亲情。

这一年的寒假女孩回到北京，小兰大概很担心她不回去了，便写信说："姐姐，你不在，我做什么都没兴趣。"同时还寄来家里油炸的丸子，丸子寄到北京早已碎成粉末，但更让女孩心疼的是那笔对小兰来说太昂贵的邮费——她是在以自己的方式竭力向老师表达挽留之意。

小兰后来考取了一所师专，成了村里的第一个大学生。

其实很多学习成绩不好的孩子，也是非常可爱的，也许他们的智力和学习方法比不了那些顶尖资优生，但只要老师们都能向这个女研究生学习，把爱的阳光无私地洒给每位学生，就一定会惊喜的发现，每个学生都有成才的潜质。我觉得，老师真正的使命，是让每位学生都能在爱的阳光里快乐、健康地成长，而不是仅把目光盯在几位顶尖的学生身上。

面对单亲，需要的是宽容和了解

父母离异，或一方丧偶，这对孩子都是不幸的。身为老师，应该留心观察，多了解孩子，一旦发现单亲孩子，对他们反常的举止，学习成绩下降等要给予理解和帮助。

只要老师多一点爱心，多一份亲情，让单亲孩子生活在温暖的团体当中，他们就会被感染，就会乐观起来。

当然，老师也应当教孩子学着理解别人，为家人着想。

多点宽容，少点怒气

现在，单亲家庭的孩子真多。据了解，北京某所小学的一个班就有三分之一的孩子是单亲。与此同时，他们的烦恼也真多：

"父母离婚前，天天吵，我劝他们别吵了，他们说'不用你管'！慢慢的，我变得冷漠了，他们吵架我也不闻不问。现在他们分开了，而我也习惯了淡漠的生活。"

"我是单亲的孩子，我跟了我爸，可是他天天喝酒，有时喝得醉醺醺的回家就睡，叫也叫不醒，醒了就骂我，我伤心极了！我不知道自己该怎么办？"

"我爸出车祸去世了，我妈天天哭，我也跟着哭，我不知道以后会怎么样？"

有这么一个故事。从某师范大学毕业的小孟来到大都市中学任教。随着工作后收入增加，渐渐有了城里人的优越感，同时也养成了一些坏毛病。

班里有一个叫吴东的笨小孩，常常被请进办公室，但依然我行我素。一天，孟老师通知了他的家长。

第二天，一个瘦弱的山村女人找到了孟老师家。孟老师感叹她的不幸，丈夫早逝，孩子无知。

他们面对面坐着，隔着一张茶几，上面摆着一篮好看的苹果。终于，孟老师说："再违纪必须退学！"无助的母亲默认了。就在母亲起身离去时，孟老师突然意识到自己的疏忽，毕竟人家是客人，随即拿起一个苹果塞到她的手中，她努力推辞着，最后还是收下，拿了苹果离去。

下午，小孟正办公时，门被敲开了，孟老师一看竟是吴东的母亲。她站在门外，一副心事重重的样子。终于鼓足勇气，红着脸，走到孟老师的桌旁，从包包里拿出个苹果说："老师，没找着吴东，这个托您拿给他——"孟老师很吃惊，那又大又红的苹果分明是……突然，孟老师喉头直热，一言难发。送走她时，感到一丝希望。

晚自习时，孟老师特意给学生们讲了一个苹果的故事，大家静静地听着，都很感动。之后，孟老师单独对吴东说，这个故事是关于他和他母亲的，并把那个苹果给了他。吴东哭了，哭得很伤心。后来，吴东和他的同学们都有了明显的进步。孟老师也感到很惭愧，身为一名教育者，应该像父母爱孩子一样对学生才是，可自己的脾气又大又坏，是这件事让他学会了宽容和爱。

再说个故事。

"这个沈鹏，上课时竟把前面两个女生的辫子结在一起，还在上面别了一支笔！"孙老师生气极了，想着他迟到、旷课、作业不交、上课做小动作、搞恶作剧、课间打架等种种劣行，决定要好好治他。

孙老师酝酿着情绪，等同学们陆续走掉，就给他来一场

雷霆之怒。沈鹏坐在座位上，和老师对峙，一脸的倔强和不以为然。

终于孙老师干咳几声，为怒吼做充分准备。正在这时，有个学生气喘吁吁地跑来说，有个学生的自行车钥匙不见了，让老师帮忙把车锁撬开。于是，孙老师赶紧跑去为他们排解困难。

车锁实在费事，等摆平时，天已渐黑。忽然又想起那个调皮小子，孙老师以为他大概早就跑没影了吧，但还是向教室走去。

没想到那个小小的影子还站在那儿。孙老师有点心动，怒气也随之烟消云散，心想，教育也不是万能的，算了，让他走吧。就在这时，突然一阵冷风吹来，见沈鹏打了个寒战，孙老师陡起一股温情，用手摸着他的头，俯下身子和气地说："沈鹏，谢谢你还在这儿等我，天黑了，让我送你回家吧，好不好？"他眼睛亮闪了一下，随即又黯淡下来，有点口吃地说："不……不用了，我妈妈还没有下班。"孙老师笑着说："我可不是去告你的状，只是想送你回家。"他没言语，跟在孙老师身后。

车没骑多久，孙老师忽然停下，把外衣硬给沈鹏穿上……从那以后，孙老师发现，沈鹏一改往日的不良习惯。孙老师开始不太在意，但在课堂上还是及时表扬了他。令人欣喜的是，他期中考试的成绩竟然前进了十多名。

开家长会那天，是沈鹏的爷爷来参加，这才知道沈鹏父母离婚了，妈妈不要他，爸爸在外地工作，只好和爷爷过……

孙老师背过身，抑制不住的泪水滑落，不为自己意外的收获，是为自己曾经的冷漠而惭愧。

多点了解，少点偏见

新班主任汤姆森老师说，她将对所有学生一视同仁。但事实上，她没有从心底平等对待那个坐在最前排的小男孩，他的名字叫泰迪·斯特达顿德。泰迪的衣服总是乱糟糟的，身上总是散发着一股臭味，没有哪个孩子愿意跟他玩。正因为此，汤姆森老师在的档案上用红笔画了个粗大的×，然后在作业的最上边写了个大大的"F"。

不久，学校要求新班主任了解每个孩子过去的表现。当汤姆森最后读到泰迪的档案时，不由得为其遭遇所震惊。

一年级班主任写道："泰迪是个快乐的孩子，脸上经常露出真诚的笑容。他能按时完成作业，字写得很漂亮。他总有些好点子，给身边的同学带来欢乐。"

二年级班主任写道："泰迪是个出色的学生，一直受到同班同学的喜欢。但是他有些苦恼，他的母亲患了不治之症，卧病在家，生活上有些困难。"

三年级班主任写道："泰迪母亲的去世对他打击很大。他竭尽全力，想做到最好，但父亲对他不关心。如果家庭状况

不能改善的话，将会对他的前途不利。"

四年级班主任写道："泰迪倒退了，对上学没有兴趣，有时候还在课堂上睡觉。他行为变得孤僻，同学们渐渐疏远了他。"

问题原来在此，汤姆森为自己轻视这个孩子而感到脸红。

当教师节来时，泰迪送了件与众不同的礼物。汤姆森打开那包废弃的牛皮纸袋，里面只有一条用打磨过的小石子串起来的手链，尽管做工粗糙，但看得出费了不少心思；此外还有瓶劣质香水，而且已经用掉了一大半。学生们讥笑起来。但汤姆森却惊喜地叫道："多么可爱的手链！"她戴上了那串石子手链，还在自己的手腕上拍了一点瓶中的香水。见老师这么喜欢，同学们止住了笑，甚至有点羡慕这别出心裁的礼物。

下课后，泰迪鼓起勇气对汤姆森说："老师，那香水是我妈妈去世前用的。今天闻起来你就像我妈妈一样。"汤姆森很感动，感动这怪孩子向她打开了心门。

此后，汤姆森特别关注起泰迪来。慢慢地，他的头脑好像又灵活了起来。越是鼓励，进步得越快，泰迪也变得干净了，活泼了，朋友也多了起来，渐渐成了班上最机灵的孩子之一。尽管她曾经说自己对所有的学生一视同仁，但同学们的眼中，泰迪成了"老师的宠儿"。

小学毕业那年，汤姆森老师在自家门前发现了泰迪留下的字条，上面写着："您是我遇到的最好的老师。"

教孩子走出痛苦寻找快乐

先来看一个单亲孩子讲的故事吧。

"你快乐所以我快乐……"一个人走在大街上，对面的唱片行传出这十分熟悉的歌。我快乐吗？我本不快乐，但是爸爸有了幸福的家庭，他很快乐；妈妈也有了幸福的家庭，她也很快乐；所以我也很快乐。我把他们的快乐当做我的快乐……

妈妈刚走的时候，爸爸有好长一段时间都特别颓废，下班回家就在黑漆漆的房间里抽烟，抽了好多好多。我知道爸爸是痛苦的，悲伤的，因为他太爱妈妈了。他在我面前极力地掩饰，可是他不知道他炒的青菜是生的，糖醋排骨的糖放成了盐，冰箱里的牛奶是上个月的……我也从来不计较，因为怕爸爸发火，怕他精神崩溃，怕他因为我而更加痛苦……

虽然这种生活使我性格孤僻，在同学眼里我是一个不和任何人来往的"怪物"，大家欺负我，嘲笑我。我从来不把这些事告诉爸爸，因为我已经习惯孤独了，我不需要别人的关心和爱护，我只要有爸爸就够了。后来爸爸变了，他的话多了，精神也好起来，我知道爸爸找到了她——我的继母。

她对爸爸特别好，嘘寒问暖，对爸爸的关怀总是细心周到。可是她不喜欢我，她觉得我比不上她美丽的女儿，是的，我真的比不上总是开朗快乐的姐姐。

我静静地回到妈妈的身边，因为我要让爸爸快乐幸福，这样我才会快乐幸福。我不想让爸爸为难，更不想成为爷爷的精神包袱。

我已经不需要妈妈照顾，因为我长大了，我懂得怎样照顾自己，何况妈妈还有一个小我五岁多的儿子。

"你快乐所以我快乐，玫瑰都开了……"哼着歌，我继续向前走，继续我的快乐。

这个孩子很懂事，很坚强，很能为人着想。父母离异对孩子来说的确是不幸的，但如果每个单亲孩子能像她那样多为大人想想，把父亲或母亲的快乐当成自己的快乐，结果就大不一样了。

快乐就是这样奇妙，付出多，得到的更多。

有个自称"灰姑娘"的单亲女生，开朗、快乐，给爸爸找了一个好妻子，给自己找了一个好后妈。我们来看一下她的故事吧。

"灰姑娘"在日记中写道："说起来，我应该算作现代版的灰姑娘了。呵呵，不好意思，和灰姑娘不同的是，我到现在为止还没有遇到白马王子——我还不到年龄呢！"

其实，"灰姑娘"以前并不阳光，因为"母亲去世后，老爸整天忙着工作，他和我的交流都是从询问成绩开始，以拳头落下收场。我的成绩总是不尽人意——确切地说不尽他意。

其实我在班里也是前十名，还是班级干部。每次我被老爸教训，就有不想活的念头，真想让妈妈把我也带走算了。"尽管灰姑娘也独自哭过，甚至上初中后还"打架"、"疯玩"，但她"尽量保持成绩不退步——这是我唯一可以安慰妈妈在天之灵的事情，我不能对不起妈妈"。

一次，她见着妈妈的朋友芸阿姨。懂事的灰姑娘知道芸阿姨与父亲认识，年龄相仿，离异无子，对自己也好，凭直觉认为他们能产生感情。此后，她绞尽脑汁地想各种办法让芸姨和父亲见面、相处。见父亲真的很接受芸姨，很不讲究衣着的他，现在居然把自己收拾得很精神，还恢复了一些业余爱好，跑步游泳什么的。一次，父亲问她的成绩表现，本来一直很严肃，后来忽然用柔和的语气说："你呀！……算了，自己把握好自己就行。"还抚摸了女儿的头，为什么呢？这也是芸阿姨劝父亲对孩子要态度温和才好，不能动不动用暴力解决问题。后来的事情渐入佳境。

人其实是相互依赖、相互依存的。"灰姑娘"的智慧就在于，她让父亲快乐起来，也让自己快乐起来。父亲有了爱，也变温柔了。因此，当你给别人一个快乐，别人也会给你一个快乐。给父母一个快乐吧，父母也会给你一个快乐。

面对长相，需要的是改变偏见

有时，老师一句包含爱的简单话语，就会让一个长相不好的孩子，扫除了自卑，树立了自尊，点亮了奋斗的心灯，成为一个受人欢迎的好学生。

身为家长和老师，应当告诉孩子，面对长相，你有一万个欣赏自己的理由，因为在这个世界上，每个人都是独一无二的，就像天下没有两片一样的树叶。人因差异而美丽，世界因不同而精彩。一个人要想被别人喜欢，首先要自己喜欢自己。

送"丑小鸭"一个美丽的童话

常常听一些父母说，孩子不爱照镜子，怕从镜子里看到真实的自己，长得太丑，看着自己觉得不舒服！我说，孩子是父母爱的结晶，大自然神奇的一份子。近来，又看到一些孩子的苦恼和抱怨。

一位小女孩在信中说："我长得太丑了，比安徒生笔下的丑小鸭还要丑！每天面对镜子时，我想到的只有一个字——死！"

还有一个男孩说："看我长得又黑又瘦，很多同学就管我叫'非洲难民'。可我一出娘胎就这样，怎么洗也不白，怎吃也不胖呀！"

尤其是一女孩的来信更让我震惊，她说自己在网上认识了一个男的，很谈得来，见面后，人家嫌自己太矮。男的说和她在一起感觉是在拐卖儿童，还说，才1米50稍多一点的人可能连生育都是问题。这女的一气便离男的而去。

看来，成长中遇到的烦恼，对孩子的影响还真不小。家长和老师，真的要让孩子正确认识自己，重新快乐起来。

来听个故事吧。一个小男孩背上有两道明显的伤痕。这两道伤痕，从他的颈部一直延伸到腰部，上面布满了扭曲的肌肉。小男孩非常讨厌自己，害怕换衣服。但时间一长，他背上的痕还是被同学们发现了。"好可怕呀！你是怪物！你的背上好恐怖！"孩子最是天真，说话不经大脑，想什么说什么，便也最伤人。小男孩伤心大哭。

第二天体育课上，小男孩躲在角落里脱下上衣，遭到周围一片厌恶。小孩子又一次泪流满面。老师这时候走了过来，抱着男孩跟大家说，"我听过一个故事，现在讲给你们哦"。孩子们都围了过来。

老师指着男孩子的疤痕说，传说每个孩子都是天使变的，他们为此脱去了美丽的翅膀，有的天使动作比较慢，还没来

得及脱下翅膀就来到了你们之中，那个动作慢的天使变成的小孩，背上就会留下两道疤痕。

同学们纷纷诧异起来，原来这是天使翅膀的痕迹啊。小男孩呆呆站着看着大家，不再流泪。一个女孩天真地问，"我能摸一下小天使的翅膀吗？"他怯怯答应了。女孩摸过"天使的翅膀"，兴奋极了，其余的小朋友也拼命提出这个要求。

小男孩从此变了，他深深感谢这位让他重拾信心的老师。高中时他参加全市的游泳比赛，得了亚军。

还有个男孩子，也不知何故，一只小手黄黑透亮，疙疙瘩瘩，一点也没有小孩子手应该有的娇嫩红润。再看全身上下包括脸部，都长了那么一层硬硬的黑黄壳，村人叫他蛤蟆皮。

有个女孩见了，感到很奇怪，回家后便说了自己的疑惑，善良的母亲郑重其事地告诉女儿，你们老师讲，那孩子乃是海龙王的小儿子，因为龙的全身都是鳞片——所以才生成这样。原来龙子龙女到了人间，因为怕被人认出就会变得这么丑。

第二天一到学校，她把这事当特大新闻告诉那男孩，可他不以为奇。原来他妈妈——我们的小学老师林老师，早就把这身世秘密告诉了他。怪不得小男视在歧视和孤独中，还活得那么安恬，完全不像一些身体有残疾的孩子一样沮丧。

这个故事在小伙伴中悄悄流传，大家的眼神从此变成了好奇和羡慕。要知道，小伙伴们都知道青蛙王子的童话，等长大后，他也会在公主面前变成一个英俊的王子呢！

讲故事的小女孩和那男孩走在一起，也觉得成了公主。林老师为什么要收养那个男孩，而且还编出这样一个美丽的童话？其实，面对残酷的现实，哪怕是容貌丑陋，只要有一颗美丽善良的心，也能生活得很幸福。据说，诸葛亮的妻子，因为长得丑，人家都叫"黄阿丑"，但"阿丑"成了丈夫的贤内助，诸葛亮对她也相敬如宾，恩爱有加。

身为家长和老师，应当告诉孩子，面对长相，你有一万个欣赏自己的理由，因为在这个世界上，每个人都是独一无二的，就像天下没有两片一样的树叶。人因差异而美丽，世界因不同而精彩。一个人要想被别人喜欢，首先要自己喜欢自己。

给"灰姑娘"一份真诚的关怀

一个女孩很讨厌自己的长相：畸形的裂唇、弯曲的鼻子、暴突的牙龈，说起话来还结巴，而且左耳失聪。上苍真是把身体的缺点都给了她。她认为："除了家人外，没有人会爱我。"上小学二年级时，老师带大家玩耳语游戏，女孩怕遭嘲笑，不敢说出来，可这次正好要求捂住右耳，而她唯一能听到声音的只有右耳。

小女孩打算作弊：把捂住右耳的手稍抬起一点。让她出

乎意料的是，老师说了一句："真希望你是我的女儿。"刹那间，仿佛有一束温暖的阳光射进这女孩的心田，温暖了她受伤的、幼小的心灵。智慧而又善良的老师，仅仅以八个字的一句话，让这个长相丑陋的小女孩，扫除了自卑，树立了自尊，点亮了奋斗的心灯，成了一个受人欢迎的优秀学生。

我还知道这么一个故事。

在俄亥俄州的克利夫兰城，有一条盖茨大街曾经看起来又脏又乱。住在那里的人们都很穷，没有谁想过要改善这里的环境。

一年春天，许多小女孩都穿着漂亮的新衣服，但有个小女孩还穿着那身已穿了一个冬天的脏衣服。此外，她的头发乱蓬蓬，脸上脏兮兮的。

一天，老师说："孩子，明天早上来学校之前能洗洗脸吗？请你为我做这件事。"小女孩同意了，而且比平时早起了一个小时，认真地洗了两遍脸。望着镜子里的自己，她决定把头发梳一下。她找到一根橡皮筋，把头发扎成一个利落的"马尾巴"。老师表扬了小女孩，又单独对她说："我的孩子，请你妈妈把你的衣服洗一洗。"小女孩红着脸说："我只有这一身衣服呀。"

第二天下午，老师放学时，把一件新的天蓝色连衣裙递给小女孩。小女孩对老师谢了又谢，急切地拿起这珍贵的礼物，跑回家。

早晨终于来到，小女孩穿着新连衣裙，是那么的干净和整齐。她对老师说："今天早上，当妈妈看到我穿着新连衣

裙的时候，非常惊讶地说，'原来我有一个这么漂亮的小女儿'。我爸爸不在家，他上班去了。但今天晚上他会看见我的。"

小女孩也觉得自己很漂亮，就像"灰姑娘"穿上了礼服和水晶鞋。父亲回家果然格外惊喜。接着忽然发现桌上铺了一块花布——这个家以前从来没有过桌布。妻子告诉丈夫："这是一块桌布。亲爱的，我想，女儿这样干净漂亮，而我们家又脏又乱，这不是一件光彩的事。"

晚饭后她们开始清洗地板。丈夫看了一会儿，一言不发就走进后院开始修围墙。一个星期后，小女孩的父亲在后院开辟出一个花园。

邻居看见小女孩家焕然一新，也开始整理花园。望着漂亮的花园，邻居觉得房子很难看，于是又粉刷房屋。接下来，左邻右舍也纷纷效仿。盖茨大街的人们平生第一次认识到生活环境越干净，感觉越舒适。

不久，一家教堂的牧师路过这里，注意到这里的人生活条件很差，心想：住在这样的街道却仍然为了有个干净的家和整洁的院子而努力的人们，应该得到帮助。

再接下来的事，可以说是顺理成章，盖茨大街铺上了硬路面，有了路灯，屋里也通了自来水，小女孩得到新连衣裙后的六个月，盖茨大街成了一条整洁的街道，邻里和睦，家人体面。

一位记者写了一篇文章，名为《盖茨大街大扫除》。自此，成千上万的美国人开始粉刷房屋、修缮家园。

奇迹的发生，都缘自老师一件新的蓝色连衣裙的关怀。

我们的老师要是都这样，说不定，生活中会有多少奇迹产生呀！

学"小丑男"的率真自信

　　美国这个国家也许真的千奇百怪，什么事情都会发生，既有时髦的一面，也有"老土"的一隅。

　　众所周知，《美国偶像》是一个收视率很高的电视节目，成功捧红多个新星。

　　2004 年 1 月 30 日晚，这个现场直播节目出现了一个梳着老土的头发，长着大暴牙的华人参赛选手孔庆祥。这个十一岁从香港移民到美国，当时正在美国伯克莱大学工程学系三年级就读的小丑男，演唱的是瑞奇·马汀的《she Bange》，可演唱水平是空前绝后的差劲，他舞姿僵硬，英语错漏，旋律走调……

　　没唱到一半，台下已笑成一片。一位黑人评委笑得尤为肆无忌惮，毫无形象，另一个评委，也是著名的电视人西蒙·科洛维尔忍无可忍地打断了他，言辞不善，"你不会唱不会跳，来这里干什么？"人们以为孔庆祥会狼狈逃走，谁知他十分平静坦荡地说，"我尽力过，我不再有遗憾。要知道，我并没有接受过任何专业训练"。说完，小丑男镇定地向评委致谢，

背着他的黄包走下舞台，像是一个去上学的学生。

孔庆祥根本没想到他在舞台上那两句平静的回答，令他一夜间成为美国偶像！现场直播的当天，至少有三家网站专门转播了他的表演，其中一家网站四天的点击率竟高达四百万次！有人实时建起了孔庆祥个人网站，访问量在一周内超过七百万次，有些女孩们在网站留言，表示爱慕，甚至要以身相许。很快，这个节目被传到多个国家和地区，无数的电台反复回放。他蹩脚的演唱进入音乐排行榜前十名。《洛杉矶时报》、《人物》杂志及一些权威的电视节目采访他，牙科诊所希望能免费为他做牙齿矫形，牙齿保健商希望和他谈广告合约……

2004年4月6日，孔庆祥推出首张个人专辑，在美国发行首周热卖三万八千张，在专辑销量上排三十四名，还超过了美国华裔著名大提琴家马友友排行第五十八名的成绩。

如此蹩脚的歌手一夜之间成为美国偶像，引起了世界轰动。这位"丑陋"的歌手莫名其妙地赢了大提琴演奏家马友友，实在让人无法理喻。还是一位社会学家一语道破天机："美国在崇尚'老土'，认同传统。"

"我已经尽力了，所以完全没有遗憾"，它点中的正好是当今美国人的穴位，这是一种宝贵的心态，展现着一种坦诚与勇气。坦诚与勇气，绝不是什么另类超前的玩艺，这无疑是人类认同了千百年仍然不掉色不减价的东西。它"老土"，却不朽。尽管有人无法接受他的"演艺"，但"我已经尽力，所以了无遗憾"的心态着实让人欣赏。丑男的一夜当红，既

在于他的坦然和勇气闪耀着金子般的光泽，更在于时髦的美国人依然"老土"，外表超越时代的美国人内心依然"传统"。

知名人士潘杰克曾对孔庆祥进行过采访。在采访之前，他一看孔的数据，觉得孔庆祥并没有什么特长与像样的成就，根本就不值得自己采访。可当潘杰克做完这期节目后，颇有感慨，并一再告诉自己：永远不要对一个自己不了解的人轻易做出判断！

潘杰克坦言："的确，这个孔庆祥傻呵呵的，录制节目时，我让他唱英文歌，他就唱英文歌，让他唱中文歌，他也张口就来，他天真坦率，无所顾忌，想说什么就说什么，回答不出问题时，还常常要转身问问父母……然而谈话中，我渐渐发现，这个男孩虽然不够聪明，甚至有点'少一根筋'，但他有他的道理。比如当我问到他为什么要终止在伯克莱大学的学业时，他回答说，'人生的机会很少，抓不住就没有了。我一直想在演艺界发展，想当演员，而目前就是个大好的机会。现在我的唱片正在大卖，在美国，我有了成千上万的粉丝。如果放弃目前的大好时机去上学读书，可能永远失去在演艺圈发展的机遇。但如果抓住目前的机会好好闪亮一次，那么以后无论何时回到学校读书都不会有什么遗憾了。'

听了他的歌，我想他永远不会成为一个像样的歌星，但我从他身上却学到很多东西，那种真实，那种自信，那种有了梦想就一门心思往前冲的劲头。他这样一人人，可以给世界上所有不那么聪明、天资一般的人以启示。我最喜欢的，还是他说的那句话，'我已经尽力了，所以完全没有遗憾'。"

面对"弱""残"，需要的是转变心念

原来，这个弱智男孩头顶上的天空，与正常人的一样美丽。

每个人只要多一分接纳，少一分偏见，这个世界可以没有隔阂，没有界限。

但丁在《神曲·第十三歌》中写道："哈比鸟以树叶为食料，给他痛苦，又给痛苦以一个出口……"受啄是痛苦的，却给了原有的痛苦一个流淌的出口——以皮肉之苦来释放内心的痛苦，痛苦之深可见一斑。

记住，无论何时都不要放弃希望，哪怕只剩下一只胳膊，也要用胸膛去迎接生活；无论何时都不要放弃梦想，哪怕残疾到无法行走，也要用心灵去飞翔。

求同，但不要排异

在某中医学院，有个衣着整洁、容貌端庄的男孩，他走

在路上会得意地高唱京剧，在高兴时会毫无顾忌地大笑，对居民屋里跑出来的小猫会发疯似的追逐。

有些学生说这人脑子有毛病，是个神经病，尤其是一些女生见着他，还在十米外就像躲避瘟疫一样迅速地跑开。

其实这个男孩只是智商比正常人略低一点，从没做过伤害人的事。然而，大多数人总是习惯对那些行为与自己有很大差别的人产生排斥和戒备。

一天，有个女学生得知他是学校生化实验室里一位老师的孩子。据说，他之所以智力发育有问题，是因为那位老师在怀胎的时候仍在实验室里进行研究，过多接触化学药品的缘故。面对这样一位伟大的母亲，我们还能抱怨她儿子什么呢？从此以后，这位女孩不再反感他的行为。

校园里有几棵柿子树，晚秋时节，上面挂满了火红的柿子，惹人驻足长观。

"你想摘柿子，是吗？"背后突然有人很大声地问。这个女孩回过头，竟然是那个低智商的男孩在傻笑。女孩记得自己曾经给过他难堪，可他好像早把过去的事忘得一干二净。

这一次，女孩十分友好地点头，这让他笑得更加开心。

"我可以用这根竹竿给你打下来一个。"说着，他亮出手里的"家伙"。

"看呀，掉下来了。"

一个硕大的、红橙橙的柿子落在柔软的草坪上。

捡起柿子，男孩一脸兴奋："还要吗？我再给你打一个。"

又一个美丽诱人的柿子落下来了，女孩想跑过去拾，却

见男孩呆呆地仰望着上面。

"你看，这天多蓝多好看呀！"男孩很是感慨，话里竟透露出一丝智慧与成熟。

确实，柿子树上，是一方有几丝浮云的清透蓝空，这样的景致只有心中有诗的人才懂得去欣赏，然而，一个智商低的男孩，竟也懂得赞美。

原来，这个男孩头顶上的天空，与正常人的一样美丽。人与人应当是平等的，虽然他的行为有些障碍，但同样懂得助人，懂得欣赏，同样有被尊重、被理解、被关爱的权利。每个人只要多一分接纳，少一分偏见，这个世界可以没有隔阂，没有界限。

不要厌恶那道伤口

一个朋友的儿子患有先天性心脏病，近期动了一次手术，在胸口的位置上留下一道又长又深的难看疤痕。朋友说，孩子有次换衣服，从镜子里看见了那个疤痕，竟然害怕得哭了起来，一边哭一边说，"我身上的伤口那么长，那么丑，我永远都不会好了。"

这个孩子如此敏感早熟，实在令人动容。朋友一阵心酸，接着掀开衣服，露出当年剖腹产留下的刀疤给孩子看，"宝

贝你看，妈妈的身上也有那么一道又长又深的丑陋疤痕。以前你在妈妈肚子里生了病，没有办法自己出来，医生只好把妈妈的肚子划开，让你出来，不然你就不能来到世上了。妈妈一生都很感谢这个伤口呢。"

但丁在《神曲·第十三歌》中写道："哈比鸟以树叶为食料，给他痛苦，又给痛苦以一个出口……"受啄是痛苦的，却给了原有的痛苦一个流淌的出口——以皮肉之苦来释放内心的痛苦，痛苦之深可见一斑。

危地马拉有一种小鸟，叫落沙婆，每次生蛋都要叫足七天七夜。鸟类可没有什么接生婆医生之类的，落沙婆难产，只有彻夜不停地痛苦啼叫，独自忍受疼痛。然而，正是因为这个痛苦的生产过程，落沙婆蛋的蛋壳异常坚硬，小落沙婆孵出来以后也特别健康结实，这全部是母亲七天痛苦所换来的。那昼夜不停的七天啼叫，是落沙婆解放肉身痛苦的诠释方式。

无声的世界未必就不美丽

那舞姿曼妙绝伦，那舞台造型美轮美奂，那服饰飘逸华丽，那动作整齐完美，那气氛神秘幽雅，实在令人叹为观止。这就是中国 2005 年春节晚会上，深深打动了万千观众的舞

蹈《千手观音》。那时那刻，许多人透过那缤纷的手姿和斑斓的色彩，亲体她们内心世界的美丽话语。

曼妙的舞姿、美轮美奂的舞台造型、金光闪闪的服饰、整齐完美的动作、神秘幽雅的气氛，令人叹为观止。邰丽华就是其中的一名优秀代表。尽管不幸的她自幼就成了聋哑人，但她一直是乐观的，奋斗的，热爱生命的。甚至与一般的聋哑儿不同，她更懂得从另外一个美丽的角度来体验声音之美。

快满七岁时，她走进了聋哑学校。学校有一堂律动课，老师踏响木地板上的象脚鼓，把震动传达给地板上的学生，让他们明白什么是节奏。同学们正为脚下的震动兴奋不已时，邰丽华却索性趴在地板上，眸子炯炯有神，指着自己的胸口告诉老师：我——喜——欢！

她总喜欢把脸颊紧贴喇叭，全身心地感受不同的震动，电视里的舞蹈节目让她充满想象，跃跃欲试。有一天，她忽然觉得这是一种属于她的语言，是唯一能够使她酣畅淋漓地表达对生命感悟的一种语言。从此，她爱上了舞蹈。

幸运的是，邰丽华在艺术方面的天赋和潜能得到了伯乐的青睐。十五岁那年，中国残疾人艺术团的艺术家们挑中了她，让她到该团学习舞蹈。

刚进团时，她的舞蹈基本功是最差的，甚至连踢腿都不会。老师考验她的第一个舞就是《雀之灵》。一切似乎都不如人意。最后，老师干脆将她一个人扔在排练室里，独自离开了。

无论如何，一切困难在她眼里都是正常的，外面的惊涛

骇浪在她心中都只是一汪平静的水。起初她只能原地转几个圈，半个月以后就转到二三百圈，这让老师对她重新燃起了希望。一曲《雀之灵》有多少节拍，她没仔细计算过，但老师做过一次测试，邰丽华凭着感觉舞完这七百多个节拍，竟丝丝入扣。她唯一的方法就是记忆、重复、再记忆，到最后，她心里已经有了一支永远随时为她响起的乐队。

从此，她每天都要挤时间练舞蹈，练得身上总是青一块，紫一块。而邰丽华却笑着指着自己的胸口告诉母亲："我喜欢跳舞，一点儿不觉得疼。"

十五岁第一次出国表演时，艺术团集训恰巧在冬天，邰丽华身穿棉袄进场，训练时只穿一件单衣仍汗流浃背，膝盖被磨得流血、红肿，可她却从不叫苦。因为她要努力把舞蹈变成自己的一种语言。

正是凭着这份执着和天赋，邰丽华在众多舞者中脱颖而出，获得了一个又一个舞蹈大奖。

正当邰丽华品尝到舞蹈无穷的欢乐时，十七岁的她给自己定下新的目标：上大学。这是因为她认识到知识对于一个人的重要性。

于是她将自己练舞的倔劲放在学习课业上，1994 年如愿以偿地考取了湖北美术学院装潢设计系。

如今，邰丽华成了中国残疾人艺术团里的梁柱。她不仅担任该团演员队队长，出任了中国特殊艺术协会的副主席，同时也是中国残疾人艺术团的"形象大使"，先后在四十多个国家巡回演出。

1992 年 8 月，意大利史卡拉大剧院举办了被誉为人类艺术盛典的"无国界文明艺术节"，前来演出的都是世界顶级舞蹈家、音乐家。邰丽华是唯一参加演出的残疾人，被誉为"美与人性的使者"。在波兰，当她跳完《雀之灵》时，全体观众，包括总统夫妇，一直不停地为她鼓掌。

2004 年 6 月，邰丽华赴美国巡演《千手观音》时，接到了雅典残奥委会闭幕式文艺表演任务。9 月 6 日，经过重新创作、编排的奥林匹亚版《我的梦》（即《千手观音》），在土耳其古老的"阿斯班度"露天剧场首次亮相，立即引起轰动。

身为一名残疾人演员，邰丽华的艺术之路，无疑充满了艰辛和汗水，但她的内心世界处处铺满了阳光与梦想。

她是这样概括自己的成功哲学的："其实所有人的人生都是一样的，有圆有缺，有满有空，这是你不能选择的；但你可以选择看人生的角度，多看人生的圆满，然后带着一颗快乐感恩的心去面对人生的不圆满——这就是我所领悟的生活真谛。"

一个巴掌也能拍响

一条项链的强度取决于最弱的那一环；一个周边高低不等的木桶，其盛水量不取决于最长的那块板，而取决于最短

的那块板。这最弱的一环和最短的板，指的是我们的心理承受能力。

那是 1940 年的 6 月 23 日，一位黑人妇女生下了一个女婴。这是她 22 个孩子中的第 20 个。这是个铁路工人家庭，接连不断的生产，让这个原本捉襟见肘的家庭陷入更深的贫困之中，怀孕中的母亲常常饿着肚子，孩子因此早产，先天发育不良。

厄运没有放过这个孩子，她长到 4 岁，不幸同时患上两种麻烦的病，双侧肺炎和猩红热。那个年代，这都是致命的。然而，孩子奇迹般地活了过来，捡回一条命的代价，就是失去她左腿的行动能力，她因为疾病的连锁反应，患上了小儿麻痹症，再不能奔跑跳跃，连走路都十分困难，需要依靠拐杖。

寸步难行的她非常悲观忧郁，医生教她做复健运动，说这可能对她恢复健康有益，但她就像没有听到一样。

随着年龄增长，她的忧郁和自卑越来越严重，甚至拒绝所有人靠近。只有一个例外，邻居家那个只有一只胳膊的老人成为她的好伙伴。

老人是在一场战争中失去胳膊的，他很乐观，女孩很喜欢听老人讲故事。

有一回，她被老人用轮椅推着到附近的一所幼儿园去玩，操场上孩子们动听的歌声吸引了他们。当一首歌唱完，老人说："我们为他们鼓掌吧！"她吃惊地看着老人，问："我的胳膊动不了，你只有一只胳膊，怎么鼓掌啊？"老人对她笑了笑，解开衬衣扣子，露出胸膛，用手掌拍起了胸膛……

那是一个初春，风中还有几分寒意，但她却突然感觉自己的身体里涌动着一股暖流。

老人对她笑了笑，说："只要想办法，一个巴掌同样可以拍响，只要努力，无论现在遭遇多大的不幸，你一样能站起来！"

就在那天晚上，女孩让父亲写了一张纸条，贴到墙上，上面是这样一行字：一个巴掌也能拍响。

从此以后，她开始配合医生做运动。不管多么艰难和痛苦，她都咬牙坚持着。有一点进步了，她又以更大的受苦姿态，来求更大的进步。甚至父母不在时，她自己扔开支架，试着走路……蜕变的痛苦牵扯着筋骨，但她坚持相信自己能够像其他孩子一样行走、奔跑，她要行走，她要奔跑……

十一岁时，她终于扔掉支架，又向另一个更高的目标努力着，她开始打篮球和参加田径运动。

十三岁那年，她决定参加中学举办的短跑比赛。靠着惊人的毅力一举夺得一百米和二百米短跑冠军，震惊了校园，她也从此爱上了短跑运动。

在 1956 年奥运会上，十六岁的她参加了四百米的短跑接力赛，并和队友一起获得了铜牌。

1960 年罗马奥运会女子一百米跑决赛，当她以 11 秒 18 第一个撞线后，掌声雷动，人们都站立起来为她喝彩，齐声欢呼着这个美国黑人的名字——威尔玛·鲁道夫。

那一届奥运会上，威尔玛·鲁道夫成为当时世界上跑得最快的女人，共摘取了三块金牌，也是第一个黑人奥运女子

百米冠军。

很多时候，人们身体发生了不幸，不能像正常人一样去为成功打拼，就会怨天尤人。

事实上，阻止人们向前冲的，并非别人，而是自己放弃了再站起来向前冲的打算；人们输的不是在身体上，而是在心理承受能力上。著名的科学家居里夫人说："我的最高原则是，不论任何困难，都绝不屈服！"良好的心理承受与战胜不幸的能力，遭遇不幸后的恢复能力和百折不挠，向自己挑战的精神，是成功人士不可缺少的素质。父母应当让孩子记住，无论何时都不要放弃希望，哪怕只剩下一只胳膊，也要用胸膛去迎接生活；无论何时都不要放弃梦想，哪怕残疾到无法行走，也要用心灵去飞翔。

面对贫困，需要的是平等关爱

现实中，不少人扭曲了希望工程。在赞助孩童上，几乎所有的捐助者都预先对受捐对象提出了至少是"品学兼优"之类的条件。

甚至有人提出了对孩子的学习成绩，相貌，身高，性别，听不听话，是否健康，家庭成员状况如何等苛刻的要求。

大人应当用爱的接纳去抚慰孩子的心，因为无论何时何

地，爱心的力量总比伤害的力量大得多。

郑州某高校规定，接受赞助的贫困生不能喝酒、抽烟和购买手机。对于购买手机的规定引起了许多媒体的关注，许多学生也对此不满，认为学校的做法是一种歧视，缺乏人文关怀。有些媒体对于该怎样赞助的话题，进行了讨论。对此，我想起了关注教育的作家莫小米的一篇文章：

不是没有介入过希望工程，但都是被收去一笔钱了事。真正与受助小孩见面，还是头一次。

那个偏远而宁静的小山村会堂今天张灯结彩，从仪式一开始，一排七八个小孩就在那儿坐着了。他们很小，很乖，一个个一动不动。此前我已填过一张捐助卡片，知道对方是个二年级男孩，现在我远远地猜测着哪个是我的小孩，以至于一个接一个领导的讲话半句也没听进去。

终于有一个穿红衣服的男孩被领到我的面前，我们一对对地在台上相倚着立成一排，摄像机也同时扫描过来。

这时我发现，在场的男孩女孩臂上差不多都有两条或三条杠的少先队干部标志，而我的小孩没有。且从老师介绍中得知，这些孩子大多成绩优异，于是我们就有了如下的对话。

老师说他一年级是个笨小孩，现在达到中等。我说，没关系，分数不是最重要的。老师说但这孩子懂事，不像别的男孩那样调皮。我说，你可以调皮一些。他一脸茫然地看着我，连先想好的"谢谢阿姨"之类的词儿都忘了说。

播出时，我们的镜头理所当然地被剪去了。后来得知，除我之外，几乎所有的捐助者都预先对受捐对象提了至少是

"品学兼优"一类的条件，最苛刻的一位女士甚至提了包括成绩名次、相貌、身高、性别、是否听话、健康状况、家庭成员状况等十条要求。淳朴的乡村老师居然还真的按条件找着了一个孩子。电视播出时，镜头在她俩身上停留时间也最长。而我从内心里希望剥夺这位女士的捐助权。按这些苛刻的条件，我的孩子便没有受助资格，而凭什么，我们拿出区区几百元钱，就自以为有资格要求孩子们这样那样！

和孩子们只相处了很短时间就分手了。印象中我的小孩比较沉默，自始至终不见他笑，让人心酸。

如果说这就是希望工程，从此我只遥遥地希望，我亲爱的小孩，你要多多绽开笑脸。

用爱的接纳抚慰孩子

他在一所中学任教，也住在学校里。在这所学校就读的学生，大多来自市区，家里的生活条件很好。

一天，女学生带着父亲来看老师。老师见是来"送礼"，很反感这一套，妻子当即阻止了丈夫，并热情地收下了礼。

妻子为什么这样做？原来，她见女学生目光低垂，衣着朴素，而学生父亲的裤子上都打了补丁，进门后，父女俩拘谨地坐下。女学生说父亲是骑自行车从三十多里外的家来看

自己，顺便来看老师。接着，父亲从肩上背的布兜里拿出十几个新鲜鸡蛋，而兜里还装了很多防止鸡蛋被挤破的糠。

在收礼的同时，这位老师的妻子用教师的尊严要他们留下来，一起包饺子吃。

送父女俩出门时，这位老师的妻子告诉女学生："虽然你家现在不富裕，但贫困的只是生活，而不是人。没有人有权利嘲笑你！"

回来后见丈夫一脸疑惑，妻子知道，他是纳闷自己向来铁面无私，从来都把送礼者拒之门外，而且也烦应酬，为什么会对几个鸡蛋动容，还留父女俩吃饺子。妻子微微一笑，讲述了小时的一件往事：

十岁那年夏天，我跟父亲在一个无月的夜里步行到十里以外的小镇邮局。我肩上背的布兜里装着刚从院子梨树上摘下来的七个大梨。要知道，小妹天天为梨树浇水，这棵树头第一次结果，但父亲要拿它去送人，小妹为这七个梨正在家里哭。

邮局早已下班。管电话的是我家的一个远房亲戚，父亲让我喊他姑爹。进屋时，父亲说明来意，姑爹"嗯"了一声，没动。我和父亲站在靠门边的地方，破旧的衣服在灯光下分外寒酸。一直等姑爹吃完饭，抠完牙，伸伸懒腰，才说："号码给我，在这儿等着，我去看看打不打得通。"五分钟之后，姑爹回来了，说："打通了，也讲明白了，电话费九毛五。"父亲赶快从裤兜里掏钱。姑爹说："放那儿吧。"我看见一张五角、两张两角的纸币和一枚五分的硬币从父亲的手里放在

桌子上。

父亲又让我赶快拿梨。不料，姨爷一只手一摆，大声说："不，不要！家里多得是，你们去猪圈瞧瞧，猪都吃不完！"

回家的路上，我委屈地跟在父亲身后，抱着布兜一直哭。我们的贫穷割断了我们和亲人血脉的联系，我们的贫穷，使我们变得好似不需要一点点自尊。

在以后的成长过程中，这一创伤却越来越深，以至于因为它，我整个童年的记忆都涩而苦。

当遇到学生送礼，尤其是贫困生，可不能把此看成"行贿"。一味讲清廉，会成为一种"不近人情"，所做的一切，也许就像那位姑爹的"手势"，给一个人的记忆留下灰色的印疤。大人应当用爱的接纳去抚慰孩子的心。因为无论何时何地，爱心的力量总比伤害的力量大得多。

面对失足，需要的是用爱拯救

人的一生，谁无过错？然而过错也是停留在过去，过去怎样都不能说明未来。如果是一道仍然刺痛的暗伤，也应当明白，伤口依然存在，不能消失更不允许回避，自暴自弃等于放弃了未来的无数可能，无人会来同情怜悯。作为师长，必须尽可能让孩子明白，没有不能痊愈的伤口，甚至伤口上

亦可以开出美丽的花。

亲情，是从亘古传送的光，温暖明澈，可以融化任何坚硬的冰垒，缺失的心之一角，完全可以由人文关怀弥补。迷失的孩子，给他一点光，他就可以改变自己身世和许多人的命运！

生命的伤口能美丽地缝合

先讲个故事。

新买的皮鞋放在门口，不知被哪个缺德的人弄了一个长长的口子。扔掉吧，太可惜了，陈尧决定把鞋子拿到街口的皮鞋手工店，小学徒看了一下说："只有换皮换帮。"老师傅接过来看了看，说："你要是愿意的话，我就在两只皮鞋上再多划几道口子，这样看起来显得对称，是刻意而为，会感觉别具一格，而且也不影响穿着。"

反正也别无他法，就死马当做活马医吧。陈尧第三天去取，一看鞋子果然划了五六道痕，用铁锈红色的软皮补好，四周用的是粗针大线的细麻绳，针脚故意歪歪扭扭，显得质朴粗犷，看上去比先前更独特也更有趣，不仅有实用价值，而且更具个性。

还有个故事。一位朋友不小心，才买三天的白衬衫被钉

子勾住，后背上撕出一个口子。朋友的母亲拿过来看了看，说："回家帮你补补看。"结果所有不规则的裂痕和口子全被小心地用细细的白丝线手工缝合，那些被白丝线缝合的裂痕呈树枝状，看上去就像北方冬天树枝上的冰花一样，美极了。更妙的是，母亲还特地在树枝下用花棉布头拼贴了一个胖乎乎的小雪人和森林木屋。结果，一件原来撕毁不能穿的衬衫，现在变得比原先那件更完美更独特，就像艺术品一样。补丁，原本是一种遗憾，却可以通过巧手匠心，让它呈现出一种完美。

这两个故事都是一位老师讲给一位失足少年的。人生在世，曾经的失足只能代表过去，而过去不等于未来。如果说它是心灵一道受伤的"口子"，那应当明白，伤口既已存在就无法回避，不能自暴自弃，也不能博人同情。家长和老师应当让孩子知道，伤口既能缝合，而且还能在"伤口"上开出最美丽的生命之花。

认清"伤口"症状，
给予爱的引导与滋养

说不如做。行为的作用，比千言万语更令人惊叹，父母的行为在孩子心中将会镂刻成永垂不朽的丰碑。希望孩子有

好的品德，自己就不要违背道德，希望孩子礼貌待人，自己就养好文明守纪，如果希望孩子遵纪守法，自己就不要横穿马路践踏草坪。

一个犯盗窃罪的少年回忆第一次做坏事的情形：

大约是在四五岁，妈妈带我乘公交车。当时我的个头刚超过规定，本该买票的，可妈妈按了一下我的头，我便"机警"地屈着腿蒙过了售票员。下车后，妈妈得意地说："这次上车没花钱买票！"第二次上车，还没等妈妈按头，我就屈着腿上了车，售票员又没发现。下车后，我兴奋地对妈妈说："今天上车又没花钱买票！"妈妈也连连夸我："好儿子，你真聪明！"

这位少年说自己之所以犯罪，就是因为有了第一次占便宜的成就感，以后便想着占大便宜，小偷小摸过瘾，最后就结伙盗窃抢劫了。可见，父母的行为对孩子的影响是巨大的。父母文明守纪的行为能把孩子培养成正人君子，父母错误的行为能让孩子成为"阶下囚"。教育家洛克说："我们务必接受一个毋庸置疑的真理，那就是无论给孩子什么样的教训，无论给孩子什么样的聪明而文雅的训练，对他们的行为能发生最大影响的，很显然是他周围的同伴，是看护人的行为榜样。"

因此，身为家长、父母以及亲友，都应当给孩子一个好的榜样，用正确的行为引导孩子。对于不慎失足的孩子，大人们也同样应当用爱的行为感染孩子，引导孩子走向正确的人生道路。

前几年，中国大陆"徐力弑母"的事件让一位儿童教育工作者的心难以平静。她指出：不适当的家教、不正确的心态，会在孩子的心灵世界结下非常厚重的冰层。这位极富爱心的儿童教育工作者还决定，要尽自己的全力，拯救徐力的心灵，帮他走出罪恶深渊，重新扬起生命风帆，同时也帮助千万绝望孩子打破心底郁积的坚冰，还要让天下父母都相信，亲情的阳光是可以融化一个人心中的冰垒，人文关怀能够让孩子弥补心灵的缺失，迷失的孩子只要努力，就能改变自己的命运！

徐力被判刑十二年，转入浙江省未成年犯管教所服刑。几年来，这位儿童教育家多次去看他。每次都给他买些书或衣服，每次都鼓励他重新奋起，好好改造，将来做个对社会有用的人。徐力穿着她买的红色 T 恤，考上了成人自考大学，服刑期因多次立功受奖被减刑。

许多孩子之所以走上犯罪道路，还有一个重要原因就是文化缺失。这些孩子从小与书无缘，心灵的世界里杂草丛生，一片荒芜。他们缺失的不仅仅是亲情和关爱，还有先进文化的滋养！

我们都知道，孩子要长高长大，需要很多营养，缺了哪一种，身体都不会健康。缺了钙，容易导致注意力不集中，耐力不行，随着年龄增长，还很容易发生骨折；缺了碘，就会导致甲状腺肿大，严重的甚至还会影响到下一代。同样的，如果孩子从小生活在文化确实的氛围中，成长过程里也不注意补充，放任自流，那么他的心灵世界将会是一片空白——

可怕的空白！

孩子们没有学习的经历，没有学习的兴趣，没有学习的能力，也就没有生存的本领。

但是，他们却是一股巨大的力量，能够摧毁这个世界，也能建设这个世界！

对于失足的孩子，为了他们的明天，大人们该怎么做呢？有位教育家说，应该告诉孩子：第一，从今天开始，珍爱生命；第二，从今天开始，珍惜时光；第三，从今天开始，珍重自己！

是的，只要开始，只要更加努力，一切都还来得及！醒来了，就马上行动吧！